AQUARIUM MARIN

Un ouvrage complet pour aménager son aquarium et choisir ses poissons.

par Dick Mills

MARABOUT

SOMMAIRE – *Chapitres pratiques*

Conception : Ideas into Print
Maquette : Les PAOistes
Prépresse : Stuart Watkinson
Photographies explicatives :
Geoff Rogers © Interpet Publishing (*voir aussi les crédits photographiques, page 208*)

Adaptation française :
Catherine Pierre,
avec la collaboration
de Philippe Brunet

ISBN : 2501-047-08-7
Dépôt légal : 69680 - Avril 2006
40 9651 7
Edition 01

Imprimé en France
par Clerc imprimerie

L'auteur

Auteur de nombreux ouvrages sur les aquariums, Dick Mill a été le rédacteur en chef de la revue *The Aquarist and Pondkeeper*, et vice-président de la *Federation of British Aquatic Societies*. Au cours de ces quarante dernières années, il n'a cessé d'élever des poissons en bassin et en aquarium, mais a aussi trouvé le temps de satisfaire son goût des voyages, au cours desquels, comme par hasard, il tombait toujours sur un aquarium public.

Ont également collaboré à cet ouvrage :
Colin Grist
Andrew Caine
Steve Halls

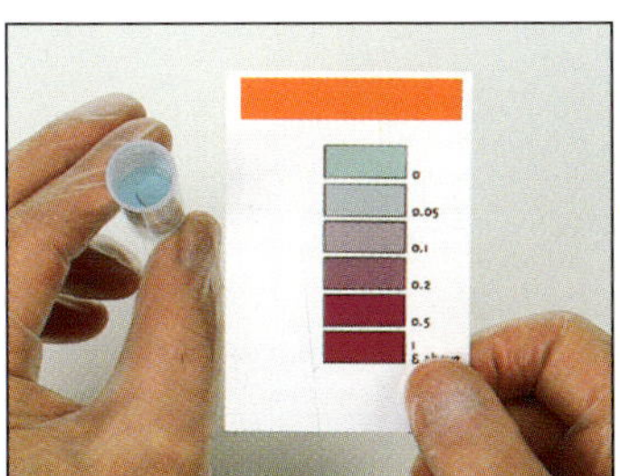

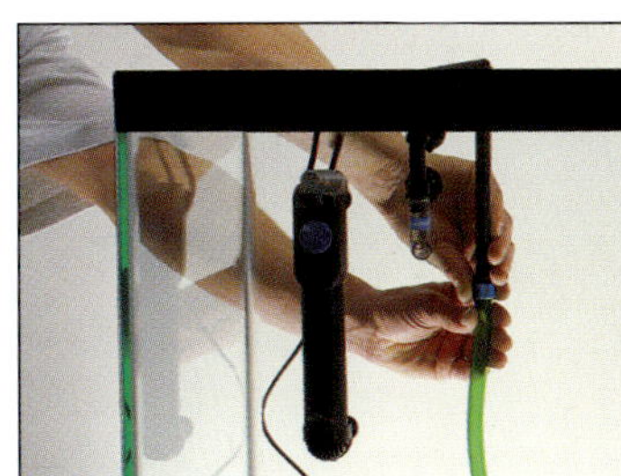

SOMMAIRE – *Guide des poissons*

Deuxième partie :
Guide des poissons *86-201*

Première partie

L'aquarium d'eau de mer : un nouvel univers à découvrir

Si votre expérience de l'aquarium se limite aux espèces tropicales d'eau douce, la grande différence quand vous allez vous lancer dans les espèces d'eau de mer (en dehors du sel), c'est que le nombre de poissons que vous pourrez accueillir dans le même aquarium est bien inférieur à celui dont vous avez l'habitude.

La deuxième différence, notamment dans l'aménagement de base d'un aquarium tropical d'eau de mer, est l'absence de plantes d'aquarium. Bien que les coraux synthétiques soient une bonne alternative pour offrir un abri aux poissons, ils n'en restent pas moins des objets inertes. L'expérience aidant, vous pourrez cependant faire évoluer l'aquarium de base en un véritable aquarium récifal et profiter du merveilleux spectacle des macro-algues, des coraux vivants et autres invertébrés.

Choisir de créer un aquarium d'eau de mer implique de lourdes responsabilités, la réussite de cette entreprise étant directement proportionnelle à la somme des efforts que vous êtes prêt à investir pour maintenir votre bien dans les meilleures conditions possibles.

Bien que l'élevage des poissons d'eau de mer en captivité soit relativement récent dans le monde de l'aquariophilie, c'est un passe-temps plus innovateur, notamment en ce qui concerne la reproduction en captivité. Quoi qu'il en soit, l'expérience acquise grâce aux efforts cumulés de chacun dans le passé, conjuguée aux avancées technologiques en matière d'équipement, offre des bases beaucoup plus solides sur lesquelles s'appuyer.

L'aquariophilie d'eau de mer n'en est plus à ses premiers balbutiements. Grâce aux moyens de transport modernes, les poissons arrivent désormais dans de bien meilleures conditions, le matériel est parfaitement fiable et la gamme des aliments s'est considérablement étendue. Devant l'afflux de documentation en librairie comme sur Internet, l'aquariophile éclairé comme le néophyte disposent de toutes les informations et conseils nécessaires pour réussir dans leur entreprise.

Un océan dans votre salon

Allumez la télévision ou partez en vacances sur une île inondée de soleil, et vous aurez toutes les chances de vous voir proposer, en direct ou sur place, un voyage sous les mers à la découverte d'un monde multicolore et de bancs de poissons scintillants aux couleurs éclatantes se faufilant entre les récifs de coraux.

La technologie moderne permet non seulement d'admirer et de visiter ces sites naturels, mais d'en conserver désormais le souvenir vivant à la maison. Les avions qui vous emportent à la vitesse de l'éclair dans ces mondes merveilleux sont tout aussi en mesure d'acheminer des milliers de poissons vers les magasins d'aquariophilie. N'étant plus perturbés et fatigués par un voyage interminable, il faut peu de temps à ces joyaux vivants pour prospérer dans des conditions presque identiques à celles de leur habitat naturel, n'attendant plus que votre visite. Et pourtant, la tâche est-elle aussi facile qu'elle en a l'air ?

Tout ce qu'il faut, c'est fournir aux poissons le même environnement que leur milieu naturel : une qualité physico-chimique de l'eau irréprochable, un espace vital suffisamment spacieux et un apport régulier en aliments nutritifs. Par chance, les problèmes rencontrés au début de l'aquariophilie sont désormais résolus. Découverte capitale, la création d'une eau de mer synthétique a écarté le risque d'introduction de parasites dans l'aquarium induit par la présence d'eau de mer naturelle. Grâce aux équipements modernes et aux connaissances pratiques acquises, le maintien des conditions physico-chimiques de l'eau est devenu un jeu d'enfant. Parallèlement une meilleure appréciation du mode de vie et des besoins des poissons eux-mêmes leur permet une espérance de vie dans l'aquarium bien plus longue qu'autrefois. Et s'il vous fallait un autre argument pour vous encourager, sachez que, comme la plupart des poissons d'eau de mer sont capturés dans des eaux peu

À gauche : *Aussi beau que soit le spectacle des récifs coralliens vu du ciel, pour l'aquariophile d'eau de mer, rien ne remplacera une plongée parmi les poissons ou le plaisir de reproduire ce tableau vivant à la maison, en suivant les étapes de ce guide.*

La générosité des océans

L'océan Indo-Pacifique abrite la vaste majorité des poissons d'eau de mer qui s'adaptent à la vie en aquarium. Malgré les vastes étendues de pleine eau, la plupart viennent des eaux peu profondes qui baignent les récifs coralliens.

Les poissons capturés dans presque tous les sites de cette carte évoluent dans une eau présentant les mêmes conditions physico-chimiques, ce qui indique un environnement stable partout dans le monde.

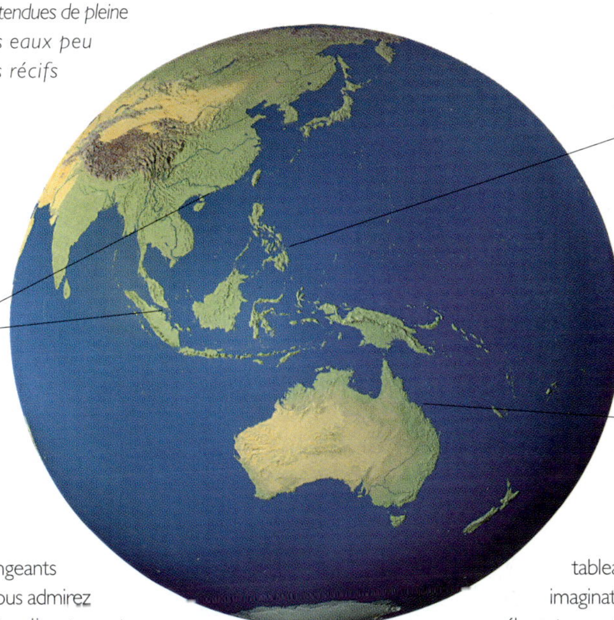

Les Philippines sont une autre source d'approvisionnement pour l'aquarium d'eau de mer.

Singapour et Hong-kong sont les plaques tournantes du marché de l'exportation.

La Grande Barrière de Corail reçoit chaque année la visite de milliers de touristes, autant de candidats potentiels à l'aquariophilie d'eau de mer.

profondes, près des récifs frangeants du littoral, les spécimens que vous admirez dans leur habitat naturel s'acclimateront rapidement dans votre aquarium.

Ajoutez à toutes ces données rassurantes l'existence de matériaux supportant le contact d'une eau de mer corrosive, et votre rêve d'avoir dans votre propre salon un aquarium d'eau de mer deviendra réalité.

Quoi qu'il en soit, s'il est tentant de penser que la réalisation d'un récif corallien à la maison est à la portée de tous, n'oubliez pas qu'il y a beaucoup à apprendre avant de savoir reproduire exactement l'environnement qui permettra au tableau sous-marin de votre imagination de se constituer. En élevant, en soignant et en observant les poissons de votre aquarium, vous contribuerez peut-être à leur conservation. Plus vous en apprendrez sur les espèces fascinantes qui sont sous votre responsabilité, plus vous serez en mesure de reproduire leurs besoins pour leur élevage en captivité. Vous réduirez ainsi la nécessité de les capturer en mer, dépouillant leur habitat naturel, ou tout au moins leur épargnerez un voyage interminable qui, sans aucun doute, leur paraît aussi fatigant et ennuyeux qu'à vous.

La reconstitution de l'eau de mer naturelle

La surface de la Terre étant recouverte d'eau de mer à 71 %, on pourrait s'attendre à ce que ce soit la denrée la plus facile à se procurer. Elle est hélas rarement disponible pour l'aquarium d'eau de mer décoratif et cela pour plusieurs raisons.

Pour la plupart des aquariophiles confirmés, il est pratiquement impossible de faire les allers-retours continuels nécessaires pour récupérer et transporter de grandes quantités d'eau de mer naturelle. Par ailleurs, ceux qui peuvent s'offrir le luxe de vivre sous les tropiques et de récupérer de l'eau de mer sur place sont relativement peu nombreux. Dans la plupart des cas, aller chercher de l'eau de mer plus froide et la convertir en eau tropicale est source de nombreux problèmes. Le réchauffement de l'eau de mer naturelle pourrait provoquer la mort du plancton, créant un environnement potentiellement toxique ou au contraire sa prolifération, ce qui conduirait à un épuisement de l'élément vital qu'est l'oxygène. De plus, les espèces de récifs coralliens ont peu de chance de disposer des moyens naturels pour combattre les agents pathogènes qui se développent dans l'eau d'autres régions du monde. Il n'y a que dans le cas où vous souhaiteriez établir un aquarium pour accueillir les poissons de vos propres rives qu'il serait éventuellement possible d'utiliser l'eau de mer provenant du même endroit, mais ce ne serait pas toujours pratique.

Il faudra en outre prendre en compte la difficulté à trouver une source d'eau de mer naturelle non polluée. Le volume croissant de trafic maritime lié aux activités commerciales et des effluents dus à l'activité industrielle mondiale signifie que les eaux côtières ont bien peu de chance d'être pures, et c'est un euphémisme !

Sachant cela, il est évident que l'emploi d'eau de mer naturelle dans un aquarium décoratif risque d'engendrer plus de problèmes qu'elle ne le vaut.

L'eau de mer reconstituée

Le meilleur moyen d'offrir une eau de mer adaptée à l'aquarium marin est d'utiliser un mélange artificiel en poudre soigneusement équilibré, dissous dans une eau du robinet de bonne qualité de sorte que cette solution se rapproche le plus possible de l'eau de mer naturelle. Les mélanges artificiels vendus dans le commerce sont composés de sels déshydratés, de

À droite : *Courants et marées engendrant des remous incessants, l'eau de mer est en permanence saturée d'oxygène.*

Les proportions des sels dans l'eau de mer

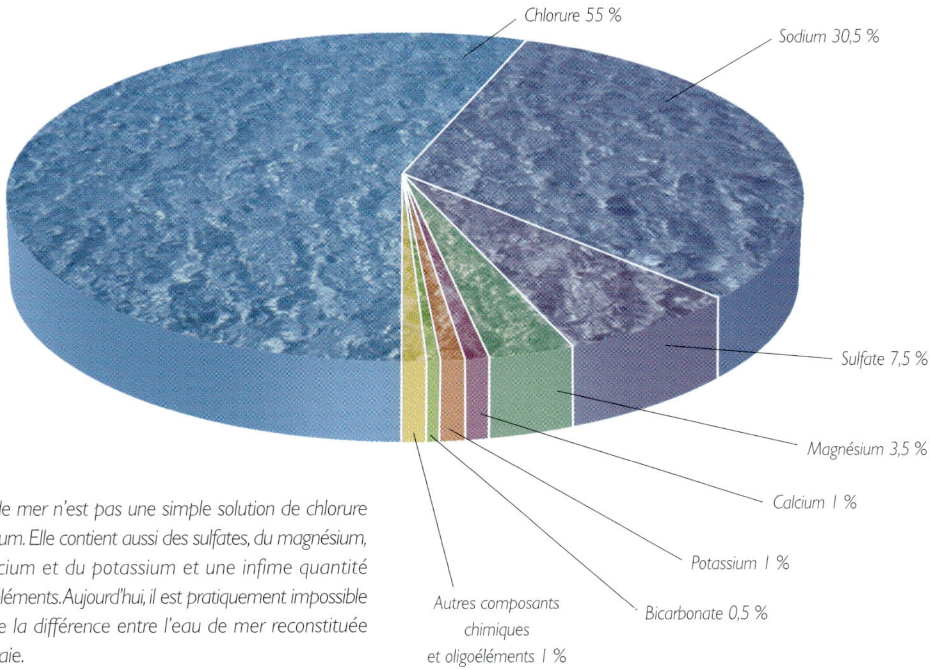

L'eau de mer n'est pas une simple solution de chlorure de sodium. Elle contient aussi des sulfates, du magnésium, du calcium et du potassium et une infime quantité d'oligoéléments. Aujourd'hui, il est pratiquement impossible de faire la différence entre l'eau de mer reconstituée et la vraie.

minéraux et d'oligoéléments. Ils sont stériles et doivent être élaborés à partir de composants agréés en laboratoire de sorte qu'il n'y ait aucun risque d'introduction accidentelle de maladies et autres parasites dans l'aquarium. L'avantage est que l'on peut acheter ces mélanges déshydratés et les dissoudre dans l'eau douce quand on le souhaite, ce qui est extrêmement pratique en termes de transport et de stockage.

La composition et les procédés de fabrication de ces nouveaux mélanges sont si précis qu'il n'est plus nécessaire d'utiliser un paquet entier à chaque fois pour produire un volume d'eau donné ayant la bonne densité et la composition chimique appropriée. On peut désormais n'utiliser qu'une partie du paquet en étant sûr d'obtenir la composition chimique correcte, quelle que soit la densité souhaitée. (Refermez bien le sachet après usage et conservez-le au frais et au sec.) Ces mélanges d'une grande souplesse sont la solution idéale pour préparer de petites quantités d'eau de mer lors des changements d'eau partiels dans l'aquarium. L'eau étant le milieu dans lequel vos poissons et invertébrés vont évoluer, il va sans dire que sa qualité est essentielle.

Vivre dans une solution salée

La différence fondamentale entre les poissons marins et les poissons d'eau douce, qu'ils s'agissent des espèces d'eau froide ou tropicales, est la teneur en sels de l'eau dans laquelle ils évoluent et leur capacité de survie dans cet environnement. S'il arrive que certains poissons d'eau douce s'adaptent dans l'eau de mer et que certaines espèces d'eau de mer survivent dans une eau très peu salée, leur inaptitude à supporter les niveaux de sels dans leurs corps et dans l'eau environnante est l'une des principales raisons pour lesquelles un poisson d'eau douce ne survivra généralement pas dans le milieu d'un poisson marin et vice-versa. Le processus par lequel les poissons absorbent et sécrètent le sel de leur corps et la façon dont ils gèrent les niveaux de sels ont pour nom l'osmorégulation.

Ci-dessus : *Les poissons marins sont parfaitement adaptés pour évoluer dans leur environnement très salé. Ils absorbent l'eau et excrètent le sel pour maintenir leurs fluides internes à la concentration nécessaire à leur survie.*

Le principe de l'osmorégulation

Chez tous les poissons, il y a une différence naturelle entre le niveau de sels des fluides internes et la concentration en sels de l'eau environnante, qu'il s'agisse d'eau douce ou d'eau de mer. Seules de très fines membranes comme les branchies séparant deux solutions de concentrations différentes, l'eau et les sels ont tendance à passer constamment du poisson à l'eau qui l'entoure. Ce mouvement d'aller et retour est provoqué par diffusion et par osmose, deux processus naturels qui surviennent quand deux solutions de concentrations différentes sont séparées par une membrane semi-perméable. Les ions des sels traversent la membrane, passant de la solution la plus concentrée à la solution la moins concentrée. C'est ce qu'on appelle la diffusion.

Les molécules d'eau se déplacent dans l'autre sens, et diluent la solution la plus concentrée, c'est le phénomène d'osmose.

À la différence de leurs cousins d'eau douce, chez les poissons marins, les niveaux des sels et des fluides internes s'égalisent. Le corps des poissons d'eau douce présente une concentration en sel supérieure à celle de l'eau environnante. Les sels ont donc tendance à se disperser en traversant les tissus quand l'eau entre. Pour lutter contre ce phénomène, les poissons d'eau douce ont des reins extrêmement efficaces capables d'excréter l'eau très rapidement, tout en retenant les sels en les réabsorbant de leur urine. De plus, les poissons d'eau douce ont des branchies structurées de telle sorte qu'elles leur permettent de retenir les sels ingérés avec les aliments, qui circulent dans le sang.

Dans le cas des poissons marins, cette situation s'inverse. L'eau environnant les poissons d'eau de mer a une teneur en sels plus élevée que le niveau de sels des fluides internes. Il leur faut donc lutter en permanence contre la déshydratation, car leur eau se perd dans l'eau environnante et les sels sont retenus dans leur corps. Les poissons marins gèrent cette situation en consommant de grandes quantités d'eau et en excrétant très peu d'urine. Ils n'absorbent donc qu'une infime quantité des sels provenant de l'eau de mer qu'ils boivent et les cellules de leurs branchies contenant des chlorures excrètent activement le sel.

L'osmorégulation d'eau douce

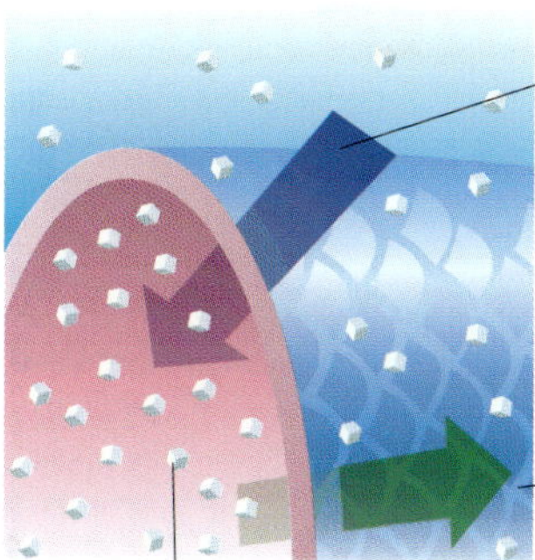

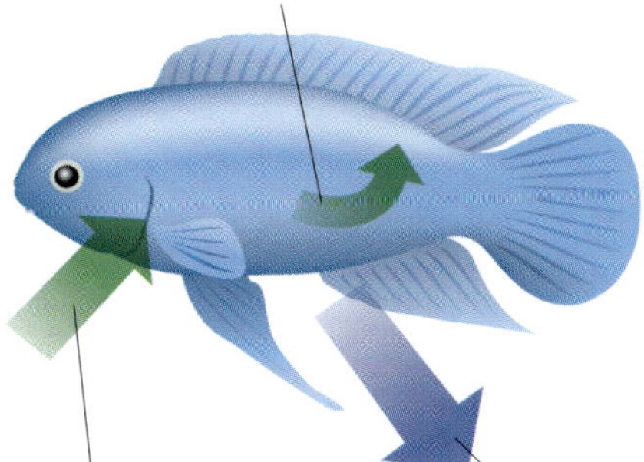

L'osmorégulation d'eau salée

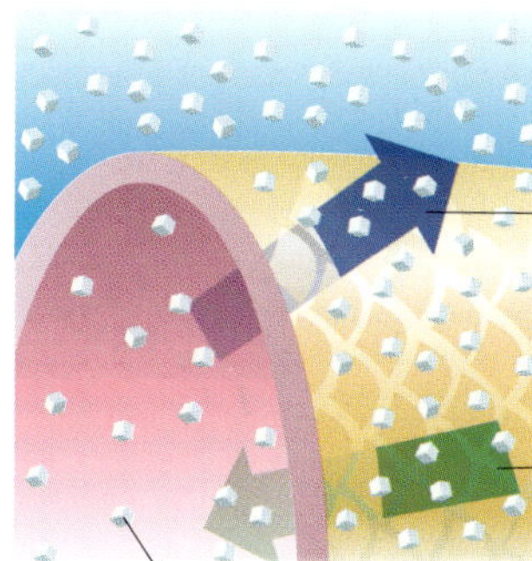

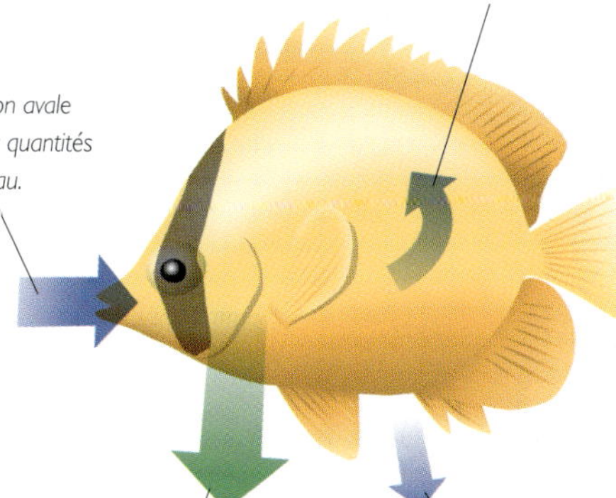

La salinité, la densité et le pH

La salinité de l'eau est la mesure de la quantité totale de sels dissous qu'elle contient et que l'on exprime généralement en g/litre (parts par millier). Dans le milieu de l'aquariophilie cependant, on parle plus souvent en termes de densité que de salinité, cette dernière étant plus facile à analyser et à comprendre.

La densité est tout simplement le rapport entre le poids d'un certain volume d'eau comparé au poids d'un volume égal d'eau distillée à 4 °C auquel on assigne une densité de 1. Dans la mesure où l'addition de sels dans l'eau augmente son poids comme sa salinité, les deux échelles sont directement comparables. Une salinité de 35 g/litre est donc équivalente à une densité de 1,026 à 15 °C, mesurée avec un densimètre flottant traditionnel ou un densimètre à aiguille.

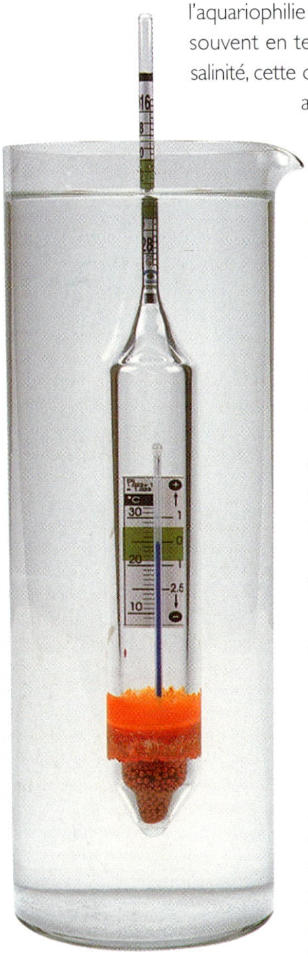

À gauche : *La densité est correcte quand la valeur choisie correspond au ménisque (niveau d'eau), comme on le voit sur la partie verte du densimètre.*

La densité de l'eau de mer est généralement comprise entre 1,023 et 1,027, selon le site de prélèvement. Une fois bien acclimatés, de nombreux poissons et invertébrés semblent facilement accepter une densité constante dans une fourchette assez large allant dans la plupart des cas de 1,021 à 1,024.

La clef est de maintenir la densité à une valeur aussi constante que possible. Mesurez-la régulièrement à l'aide d'un densimètre (ou aéromètre) et veillez à ce qu'elle ne varie pas de plus d'un point (entre 1,022 et 1,023 par exemple). Bien que cette variation semble mineure, elle est plusieurs fois supérieure à celle que peut connaître un site dans les circonstances les plus extrêmes.

Dans un aquarium établi, les variations de densité sont principalement dues au phénomène d'évaporation et à l'introduction de nouveaux poissons. L'eau douce s'évaporant, le niveau d'eau du bac finit par baisser et la concentration de sels est de plus en plus forte dans l'eau salée. On rééquilibrera les niveaux par un apport régulier d'eau douce en procédant par petites quantités. Mieux vaut ne pas attendre que le volume d'eau à remplacer soit trop important (disons pas plus d'un demi-litre), car la différence de salinité serait néfaste aux algues et aux invertébrés fragiles. Deux cas de figure assez courants et dangereux peuvent conduire à une augmentation continuelle de la densité de l'eau dans le bac.

Premier scénario : vous laissez le niveau d'eau descendre du fait de l'évaporation et décidez d'entreprendre un changement partiel de l'eau. Ayant enlevé 10 à 20 % de l'eau du bac, vous la remplacez par le même volume d'eau de mer nouvellement reconstituée en ajoutant une petite quantité d'eau douce pour compenser la perte par évaporation. Le volume d'eau dans le bac étant plus concentré, la densité va augmenter. L'autre scénario est le suivant : le niveau d'eau descend et vous introduisez de nouveaux poissons (et l'eau de mer qui va avec), ce faisant vous avez rempli le bac et donc augmenté la densité. Prenez garde à éviter ces pièges.

L'analyse du pH

Le pH est une échelle qui mesure l'acidité ou l'alcalinité de l'eau. Cette échelle est logarithmique, ce qui veut dire que chaque variation aussi petite soit-elle indique un grand changement d'acidité. Exemple : pour une variation de 7 à 8 par exemple, on a une augmentation de l'alcalinité de facteur 10 ; de 7 à 9, cette variation est de facteur 100, et ainsi de suite. C'est pourquoi une variation de pH aussi brutale est particulièrement éprouvante et néfaste pour les poissons.

La molécule d'eau

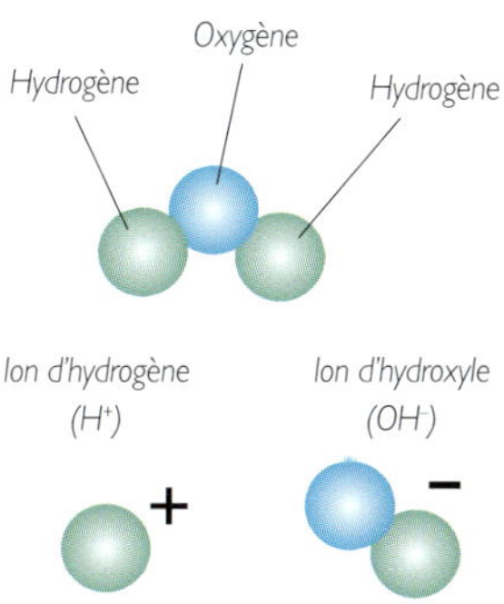

L'eau (H_2O) est composée d'ions d'hydrogène positifs (H^+) et d'ions d'hydroxyle négatifs (OH^-). Le pH mesure le rapport entre ces ions dans un volume d'eau. Une eau acide contient plus d'ions d'hydrogène, une eau alcaline contient plus d'ions d'hydroxyle et une eau neutre contient le même nombre d'ions d'hydrogène que d'hydroxyle.

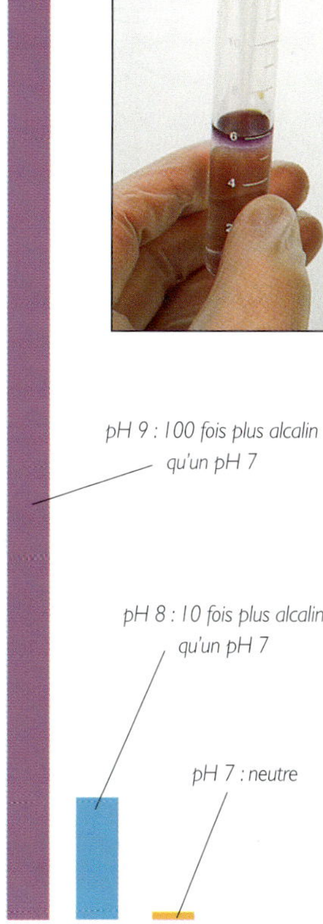

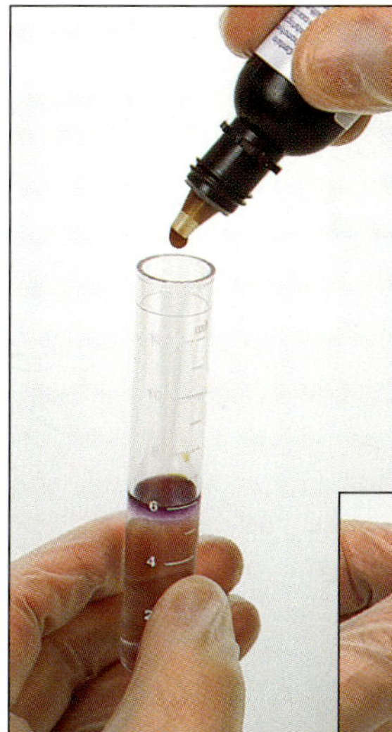

À gauche : *Testez l'eau régulièrement pour maintenir le pH. Dans un aquarium marin, le pH doit rester assez stable. Dans la plupart des cas, le test consiste à ajouter des produits chimiques dans un volume d'eau déterminé et à comparer la couleur sur une charte colorimétrique.*

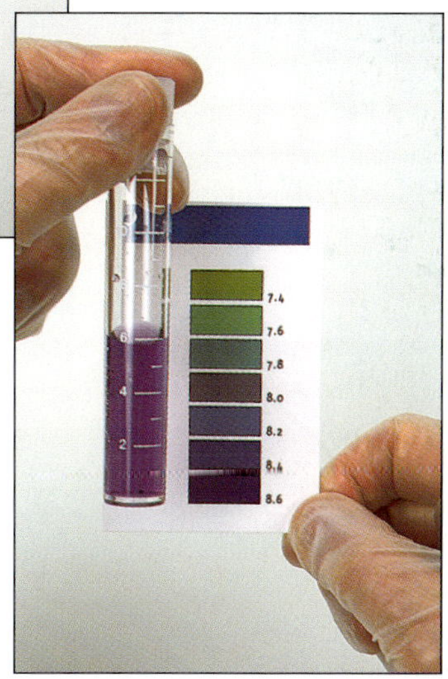

Ci-dessus : *Dernière étape d'une analyse de pH présentant une valeur correcte comprise entre 8 et 8,4. Attention : avant de comparer la couleur de l'échantillon à la charte colorimétrique, lisez bien le mode d'emploi, tous les tests ne se fondent pas sur le même principe.*

Le cycle de l'azote

Le cycle de l'azote est un processus biologique extrêmement important sur le récif et dans tous les écosystèmes. Il s'agit non seulement d'un système de purification essentiel, mais aussi de la première source de production d'aliments sans laquelle rien ne survivrait sur la Terre.

Le principe du cycle de l'azote

Le cycle de l'azote est le processus qui régit l'élimination des composés d'azote nocifs qui s'accumulent petit à petit dans l'eau de l'aquarium, à commencer par l'ammoniac (NH_3) et l'ammoniac ionisé (ou ammonium) (NH_4^+). Les poissons et les invertébrés libèrent de l'ammoniac produit par leurs déchets, lequel vient s'ajouter à l'ammoniac produit par les bactéries décomposant les autres déchets dans l'aquarium comme les aliments non consommés et les déjections des poissons. L'ammoniac est très toxique pour les poissons et les invertébrés. S'il n'est pas éliminé ou transformé en substances moins nocives, les occupants de votre aquarium ne tarderont pas à rendre l'âme. Heureusement, dans le grand livre de la nature, il arrive qu'une substance qui soit un poison pour un organisme vivant soit un élément nutritif pour un autre, il existe donc une solution pour éliminer l'ammoniac.

Les bactéries aérobies (qui aiment l'oxygène), comme les *Nitrosomonas*, convertissent l'ammoniac en nitrites (NO_2), une substance beaucoup moins toxique, mais qui n'en demeure pas moins dangereuse pour les poissons et les invertébrés. Un deuxième groupe de bactéries, les *Nitrobacter*, transforme les nitrites en nitrates (NO_3), une substance beaucoup moins nocive, bien qu'elle présente encore quelques risques si on la laisse s'accumuler. On ne sait pas encore très bien pourquoi la concentration de nitrates peut créer des problèmes chez les occupants de l'aquarium, mais il semble qu'elle soit nuisible à certaines espèces de poissons fragiles et à certains invertébrés. Ce qu'il faut savoir, c'est que les nitrates sont absents des récifs coralliens en milieu naturel sinon dans des proportions infimes ; il faudra donc être intransigeant et faire en sorte de maintenir les taux de nitrates au minimum dans l'aquarium. Les nitrates sont un élément nutritif essentiel pour les algues et la base de la production des nutriments, au tout début de la chaîne alimentaire dont bénéficient tous les autres organismes vivants. On soulignera en outre qu'un taux de nitrates et de phosphates excessif entraînera la prolifération d'algues indésirables.

À gauche : *Les algues marines (« macro ») comme celles de l'espèce* Caulerga *présentées ici, prospèrent sans problème dans un aquarium d'eau de mer. Ces dernières ainsi que certaines autres algues moins appréciées par les aquariophiles se nourrissent des nitrates produits au cours du cycle de l'azote.*

Le cycle de l'azote

En milieu naturel, l'azote est recyclé au cours de la digestion des protéines contenant de l'azote par les animaux et par l'action des bactéries dans l'environnement. Nous présentons ici le cycle de l'azote dans le milieu marin.

Les filtres à protéines

La plupart des aquariophiles vous le diront : les filtres à protéines jouent un rôle essentiel dans la réussite à long terme d'un aquarium d'eau de mer, mais à quoi servent-ils et comment fonctionnent-ils ? Conçus à l'origine pour le retraitement des eaux usées, les filtres à protéines, ou filtres à mousse, éliminent les matières organiques nuisibles de l'aquarium avant qu'elles détériorent la qualité de l'eau.

Filtre à protéines à triple passage d'air

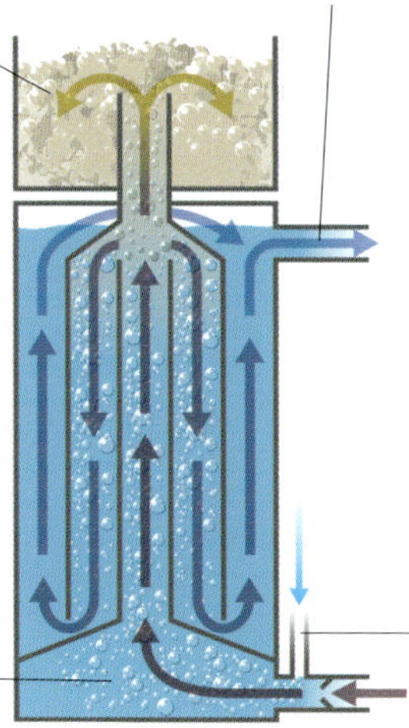

Le principe du filtre à protéines est le suivant : la matière dissoute, y compris les bactéries et le plancton, ainsi que la matière organique provenant des déjections des poissons et des aliments, va adhérer par tension superficielle à la surface des bulles d'air. La colonne montante de bulles d'air est propulsée en haut de la chambre à réaction du filtre jusqu'au compartiment supérieur, dans une coupelle où sont recueillis les déchets des protéines qui consistent en un épais liquide jaunâtre, à l'odeur désagréable.

Temps de contact

Plusieurs facteurs jouent un rôle important dans l'efficacité du filtre à protéines dont le temps de contact, autrement dit la durée pendant laquelle l'air et l'eau sont brassés dans la chambre à réaction du filtre. Plus cette période est longue, plus le filtre est efficace. Les modèles à triple passage d'air sont actuellement les meilleurs sur le marché.

Les différentes versions de filtres à protéines

Les filtres à protéines se classent en trois catégories : **les filtres actionnés par flux d'air** installés à l'intérieur de l'aquarium ou d'une cuve à décantation sont en principe les plus adaptés aux petits bacs ; **les filtres venturi** sont de véritables bêtes de somme qui fonctionnent avec une pompe qui aspire l'eau de l'aquarium ou d'une cuve à décantation et la propulse au fond du filtre à travers un mélangeur à tube venturi qui injecte de l'air pour créer un volume de bulles. Dans le cas des **filtres turbo**, l'air est injecté directement dans une pompe turbo avec un impulseur à 12 lames qui brasse l'air et l'eau de sorte qu'on obtient un mélange extrêmement fin. Les filtres turbo, notamment les filtres recourant à la technologie Berlin, ont fait considérablement progresser les techniques d'élimination des protéines dans l'aquarium. **Les filtres à flux convergent/divergent** emploient un procédé unique de mélange d'air et d'eau tout en recourant à la méthode turbo d'injection d'air.

Filtre turbo haute technologie

Ce filtre turbo optimise la durée de contact entre l'eau du bac et un courant constant de fines bulles d'air. Les protéines adhèrent à la surface des bulles avant d'être recueillies et éliminées quand les bulles éclatent.

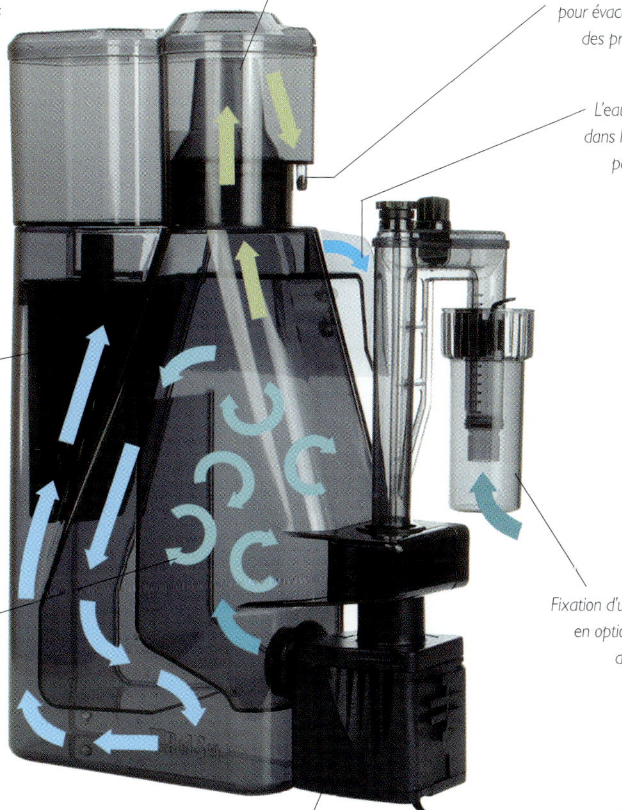

Les filtres externes

Bien que la filtration des protéines ne soit qu'un type de filtration parmi d'autres, elle est assez importante pour faire l'objet d'une section à part entière. Au sens large, le terme de filtration réfère aux filtrations mécanique, biologique ou chimique, chacune étant utilisée de manière diverse pour procurer aux poissons d'eau de mer une eau stable et saine.

Quel que soit le type d'aquarium, le filtre est l'appareil sans lequel la vie serait impossible. Non seulement il empêche les déchets de stagner dans l'aquarium en les supprimant physiquement dans une chambre à filtration ou un autre récipient (filtration mécanique), mais il décompose les composés ammoniacs toxiques libérés dans l'aquarium par les excrétions des poissons et la décomposition des aliments non consommés (filtration biologique). Si l'on y adjoint une cartouche phosphate ou une cartouche charbon, le filtre opère également une filtration chimique. Les pages suivantes passent en revue les différents systèmes de filtration, avec leurs avantages et leurs inconvénients.

Les filtres à moteur externes

Également connus sous le nom de filtres cylindriques, les filtres à moteur externes sont des filtres assez grands situés à l'extérieur de l'aquarium, le plus souvent en bas de ce dernier, qui permettent l'utilisation de différentes masses filtrantes, en général deux ou trois dans un seul filtre. Selon les matériaux choisis, on pourra incorporer les trois formes de filtration : mécanique, biologique et chimique.

Dans l'idéal, le filtre est équipé d'un préfiltre en mousse pour éliminer les résidus sous forme de particules. La mousse est suivie d'une masse filtrante assez épaisse comme des granules de céramique, laquelle va rapidement se peupler de millions de bactéries bénéfiques, transformant l'ammoniac et les nitrites en nitrates moins nocifs (voir page 16). Enfin, on pourra utiliser un filtre au charbon pour éliminer la légère décoloration de l'eau et donner un nouvel éclat à l'aquarium.

Filtre à moteur externe

Les filtres à algues

Puisque l'on sait qu'un taux élevé de nitrates et de phosphates encourage la prolifération d'algues, il est préférable de renverser la situation en utilisant délibérément les algues pour éliminer ces pollueurs indésirables. La méthode est la suivante. Placez un récipient peu profond sur le parcours de l'eau aspirée dans l'aquarium bénéficiant d'une bonne intensité lumineuse dans lequel on cultivera une quantité d'algues saines sans que cela nuise à l'esthétique de l'aquarium principal. En récoltant régulièrement ces algues, vous supprimerez efficacement les phosphates et les nitrates de l'eau de l'aquarium, dans la mesure où cette culture parallèle sortira vainqueur dans la course aux nutriments avec les algues qui pourraient pousser dans l'aquarium principal. L'un des inconvénients de ce système est que les poissons herbivores de l'aquarium principal équipé d'un filtre à algues seront privés de la verdure qui leur est nécessaire. Veillez à ce que ces espèces aient leur quota de végétaux par d'autres moyens. Pour être efficaces, les filtres à algues doivent être d'assez grande dimension, ce qui pose parfois problème lorsqu'on veut les cacher afin qu'ils ne nuisent pas à l'esthétique de l'aquarium décoratif.

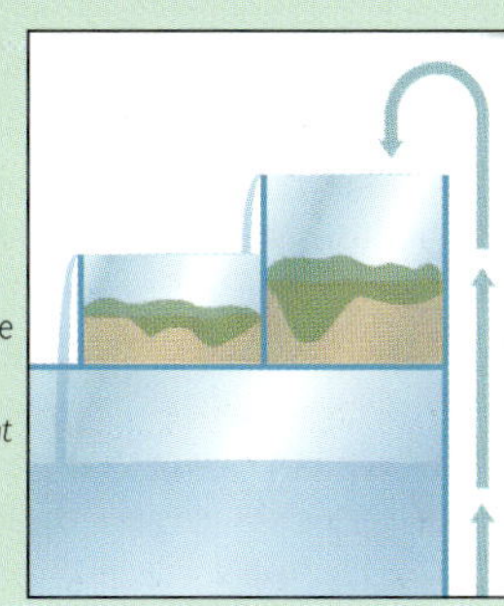

À droite : *Principe de base d'un filtre à algues. Sa taille et sa forme doivent être proportionnelles et en harmonie avec l'aquarium principal.*

Le système de filtration à lit fluidifié

Le filtre à lit fluidifié permet désormais d'effectuer la filtration biologique hors de l'aquarium, supplantant ainsi les anciens systèmes qui utilisaient le substrat. Le sable de silice est maintenu en suspension dans l'eau de l'aquarium aspirée par une pompe à l'intérieur d'un cylindre appelé la chambre de fluidification. Les particules de sable ne sont plus tassées et peuvent se déplacer librement. Elles offrent ainsi une surface beaucoup plus large pour la colonisation bactérienne, ce qui a pour résultat une transformation bien plus efficace de l'ammoniac en nitrites puis en nitrates.

Sur certains modèles, une cartouche filtre à charbon élimine la coloration jaunâtre de l'eau avant que celle-ci retourne dans l'aquarium. Le filtre à lit fluidifié consomme de l'oxygène, ce qui signifie qu'il faut réoxygéner l'eau qui en ressort avant de la renvoyer dans l'aquarium. On procède en montant un système de diffuseur d'air (tube venturi) au bout du tuyau de retour ou en plaçant une pierre à air à l'endroit où l'eau pénètre dans l'aquarium.

Que faire en cas de panne d'électricité ?

Il est indispensable de réfléchir aux mesures à prendre en cas de panne d'électricité ou si des résidus bloquaient l'entrée du filtre à lit fluidifié. Non seulement l'eau cesserait de circuler dans le filtre, mais surtout le lit fluidifié s'affaisserait littéralement, le sable en suspension formant alors une masse compacte. Le courant revenu, il est possible que la pompe n'ait plus assez d'énergie pour « resuspendre » le sable et qu'elle ait besoin d'un petit coup de pouce. (Réglez si possible le débit au maximum avant de repasser au débit normal.) En cas de coupure d'électricité prolongée, l'aquarium souffrirait également de la disparition rapide de la colonie bactérienne. Au moment de le rebrancher après une période relativement longue, faites fonctionner le filtre en circuit fermé jusqu'à ce que les tests montrent que le lit bactérien s'est reconstitué.

Le refugium

Un refugium est un volume d'eau séparé du bac principal, mais qui partage la même source. Comme son nom l'indique, ce peut être un simple refuge pour les poissons, mais il peut aussi être utilisé de diverses façons en conjonction avec l'aquarium principal. Il offre par exemple de bonnes conditions de culture pour les aliments comme les copépodes et les amphipodes. Selon sa conception et son installation, ces animaux pourront être sans cesse renvoyés dans le bac principal pour nourrir les invertébrés et les poissons. Le refugium peut aussi constituer une zone de culture sous contrôle pour les macro-algues. Non seulement les Caulerpa *et autres macro-algues consommeront l'ammoniac, les nitrates et les phosphates qui s'accumulent à cause d'une quantité excessive de poissons ou d'aliments, mais elles seront cultivées dans une zone isolée, ce qui leur évitera de faire le régal des espèces d'humeur végétarienne. Le refugium sera aussi très pratique pour ranger les chauffe-eau, les stérilisateurs aux UV et autres, pour servir de zone d'isolement temporaire d'une espèce belliqueuse ou de bac de reproduction. Certains avancent même que l'on peut éviter les variations quotidiennes de pH en faisant fonctionner le refugium en photopériode inverse. Grâce à un substrat spécial, on peut aussi utiliser le refugium pour assurer un apport continu d'oligoéléments essentiels à l'aquarium principal, et accueillir les bactéries anaérobies indispensables à la dénitrification.*

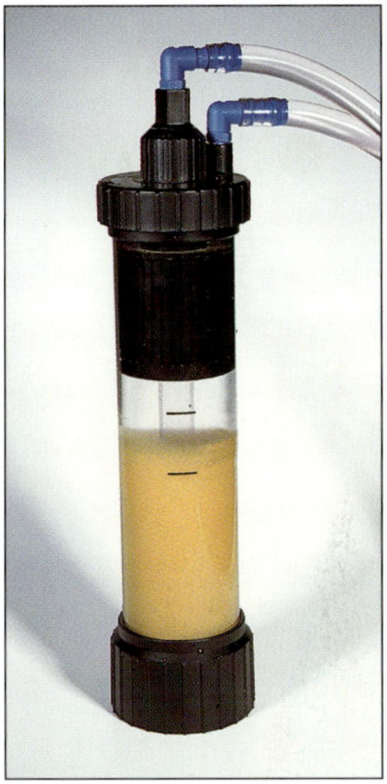

Ci-dessus : Filtre à lit fluidifié classique en cours de fonctionnement. Le lit biologique constitué de sable est en mouvement permanent (les deux traits noirs indiquent la limite inférieure et supérieure du sable en suspension). Le filtre est doté d'une valve empêchant le sable de refouler dans la pompe en cas de panne de courant.

Filtre à lit fluidifié

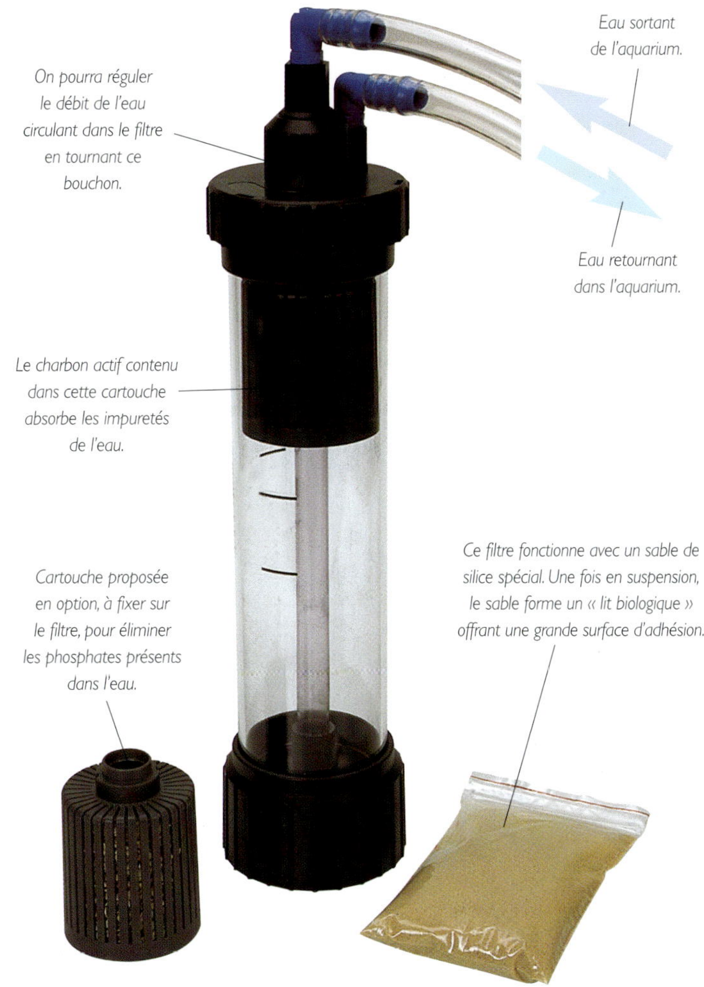

La stérilisation aux ultraviolets

La lumière ultraviolette (UV) a la propriété d'éliminer les spores des algues et les bactéries qui évoluent en suspension et donnent parfois l'impression d'une eau trouble. Une lampe germicide de bonne qualité pourra aussi détruire les agents pathogènes, mais elle n'agira que sur ceux qui flottent librement et peuvent se frayer un chemin dans le stérilisateur aux ultraviolets, il ne faut donc pas compter sur le stérilisateur aux ultraviolets pour enrayer totalement une maladie. N'oubliez pas que les rayons ultraviolets sont néfastes pour vos yeux : ne regardez JAMAIS directement la lampe sans une protection oculaire.

Le stérilisateur aux ultraviolets est constitué d'un tube à UV installé à l'intérieur d'un tube en quartz transparent hermétiquement clos protégé par un manchon de verre. L'eau qui circule dans ce manchon est stérilisée en passant devant le tube à UV. L'efficacité de la stérilisation dépend aussi d'autres facteurs comme la durée d'exposition aux UV. De plus, on pourra optimiser l'efficacité des tubes fluorescents en préfiltrant l'eau mécaniquement avant son passage dans le stérilisateur, empêchant la matière organique et la matière en suspension d'opacifier le quartz, ce qui réduirait du même coup l'effet des rayons UV. Cependant, les tubes à UV ont une durée de vie limitée : en utilisation continue, la plupart de ces tubes devront être remplacés tous les six mois. Après ce laps de temps, vous aurez l'impression qu'ils fonctionnent encore, mais les rayons UV ne seront plus en mesure de traverser le tube de quartz et de stériliser l'eau.

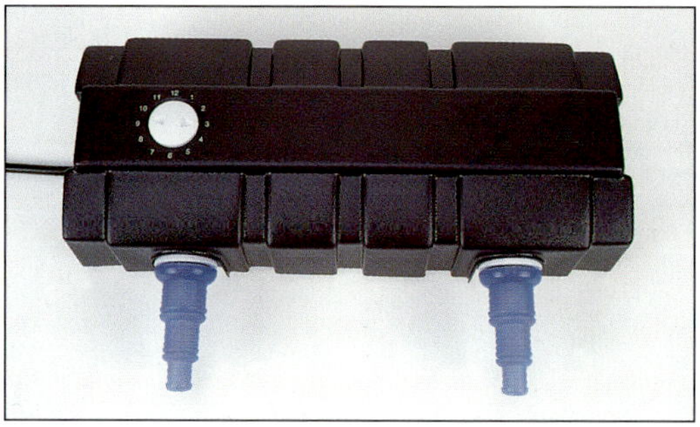

Ci-dessus : *Le stérilisateur aux ultraviolets permet de traiter l'eau dans l'aquarium. Les embouts de raccordement des tuyaux sont transparents pour que vous puissiez voir la « lueur » émise dans le tube en fonctionnement. Grâce à cette mesure de sécurité, vous ne serez pas tenté d'ouvrir le stérilisateur et éviterez ainsi de vous abîmer la vue en regardant directement la lampe.*

Le principe du stérilisateur aux ultraviolets

Les rayons ultraviolets perturbent les cellules vivantes de plusieurs façons. Le matériau génétique dans le noyau (ADN) et de minuscules unités d'énergie du nom de mitochondries qui entourent les cellules sont endommagées par les rayons. Dans le cas des cellules d'algues par exemple, la lumière UV fait éclater les plastes qui contiennent la chlorophylle, éléments essentiels à la photosynthèse.

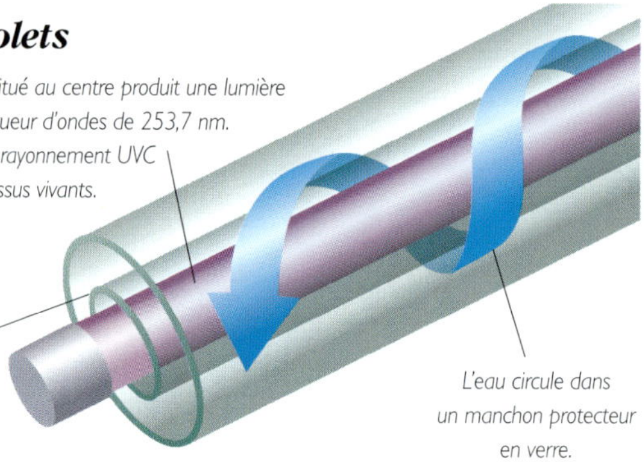

Ci-dessus : *Dans les magasins d'aquariophilie, on conjugue différents types de filtres pour élever les poissons, y compris d'énormes stérilisateurs aux ultraviolets comme ceux-ci.*

Le rôle de l'ozone

L'ozone (O_3) est une forme instable de l'oxygène (O_2). L'atome supplémentaire d'oxygène se sépare rapidement de la molécule et provoque l'oxydation des toxines et autres composants dans l'eau de l'aquarium. Cette oxydation fait de l'ozone un désinfectant efficace qui va tuer les bactéries, les agents pathogènes, les spores d'algues et autres micro-organismes flottant dans l'eau qui entrent en contact avec ce gaz. La plupart des grands aquariums publics utilisent l'ozone dans leurs systèmes de gestion de la qualité de l'eau.

On fabrique de l'ozone en passant de l'air (de préférence sec) sur une plaque électrifiée dans un appareil appelé un ozoniseur qui convertit une partie de l'oxygène de l'air en ozone. L'air ozonisé est ensuite envoyé dans une chambre de contact spécifique eau/ozone ou dans un filtre à protéines. À condition que ce dernier soit fabriqué avec des matériaux résistant à l'ozone, il fait un parfait réacteur d'ozone. Dans la mesure où l'ozone est néfaste pour les occupants de l'aquarium, il ne sera appliqué que dans un bac séparé, jamais directement dans l'aquarium. L'eau traitée à l'ozone devra aussi passer dans un filtre à charbon avant d'être introduite dans le bac pour que soit éliminé tout résidu éventuel d'ozone ou tout élément dérivé d'une ozonisation excessive. Il est conseillé d'utiliser l'ozoniseur conjointement à un appareil de mesure de la réaction d'oxydoréduction ou du potentiel d'oxydoréduction. Une sonde plongée dans l'aquarium mesurera les concentrations d'ozone en termes de potentiel d'oxydoréduction de l'eau et ne commandera la mise en marche de l'ozoniseur que si les conditions physico-chimiques de l'eau l'imposent.

Comme vous le savez, l'ozone est dangereux et doit être manipulé avec le plus grand soin. Suivez attentivement les instructions du fabricant. L'ozone peut endommager les matériaux comme les tuyaux en caoutchouc et les diaphragmes des pompes, le plastique risque aussi de se désagréger purement et simplement dans le cas d'un taux d'ozone trop élevé.

À gauche : *Avec leurs couronnes de tentacules plumeuses, les vers tubicoles sont des sujets très séduisants pour l'aquarium d'eau de mer. S'ils apprécient de puissants courants d'eau claire, ils sont plus délicats dans leur alimentation et préfèrent un régime de fines particules.*

Filtre à protéines et à ozone

Ci-dessus : Le charbon actif qui se trouve dans un compartiment placé au-dessus de la coupelle empêche l'excès d'ozone de pénétrer dans l'atmosphère.

L'écume chargée de déchets organiques remonte dans la coupelle.

Les déchets sont ensuite évacués par un tube, à la base de la coupelle.

L'ozoniseur produit une forte décharge électrique pour lier des atomes libres d'oxygène aux molécules d'oxygène, créant ainsi de l'ozone (O_3).

Une valve anti-retour empêche le refoulement de l'eau dans l'ozoniseur. Pensez à la remplacer régulièrement.

L'ozone passe dans l'eau en traversant le tube venturi situé ici.

Cette sonde plongée dans l'aquarium mesure le potentiel d'oxydoréduction de l'eau et régule la quantité d'ozone produite par l'ozoniseur.

Le système Jaubert

Il y a encore peu de temps, les aquariums d'eau de mer fonctionnaient à partir de méthodes de filtration mécanique, chimique et biologique, utilisant des systèmes conventionnels établis depuis longtemps.

Les années 1980 ont été le témoin d'une innovation en la matière : le système Jaubert. Il s'agit d'un système de filtration sous gravier dépourvu d'exhausteur ou de mécanisme permettant la circulation de l'eau. Conçu à l'origine pour l'aquarium océanographique du Dr Jaubert à Monaco, ce système a vite attiré l'attention de plusieurs aquariophiles d'eau de mer dont l'Américain Bob Goemans qui réussit à l'adapter aux aquariums décoratifs de taille plus modeste.

Le principe est le suivant : un grillage en plastique (de préférence un modèle qui diffuse une lumière fluorescente) est légèrement surélevé sur de petits pieds dans le fond de l'aquarium pour créer un vide (plénum). Le grillage est ensuite recouvert d'une fine couche de laine filtrante qui empêche la pénétration des déchets, le tout étant recouvert de substrat. La diffusion naturelle de l'oxygène qui s'effectue vers le bas, à partir de l'eau de l'aquarium, plus aérée, vers le plénum, pauvre en oxygène, est le moteur de la filtration biologique qui s'opère dans le substrat : les bactéries se trouvant dans le milieu anaérobie qu'est le plénum jouent leur rôle d'agents de dénitrification, réduisant ainsi le taux des nitrates, et complètent le cycle de l'azote.

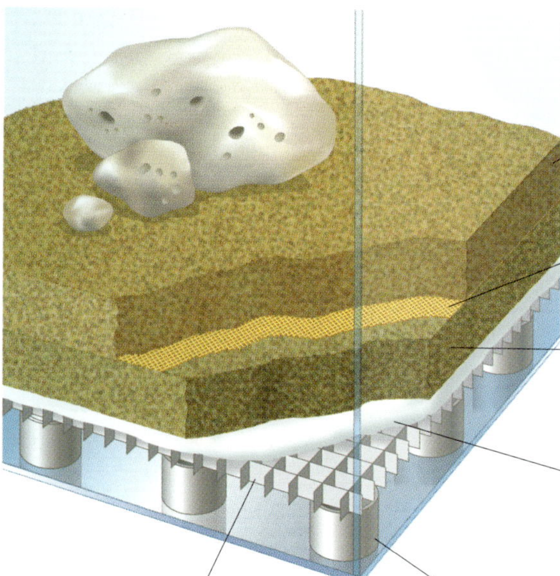

La couche supérieure du substrat – environ 4 cm de profondeur – est aérobie grâce à l'eau oxygénée qui passe au-dessus d'elle.

Un grillage en plastique empêche les poissons fouisseurs de creuser leur terrier ou de s'enfouir dans le substrat.

La couche inférieure du substrat et le vide empli d'eau juste en dessous sont deux milieux anaérobies, l'eau n'étant pas en mouvement dans le substrat.

Une couche de laine filtrante empêche le substrat de passer dans les trous de la grille.

La grille est constituée de lamelles de plastique en croisillons.

La grille est posée sur de petits pieds, créant un vide sur une hauteur d'environ 2,5 cm sous le substrat.

Des pierres vivantes dans l'aquarium

Bien que l'aquarium de base soit équipé d'un filtre à protéines et d'un filtre externe, il existe une autre méthode naturelle de purification biologique de l'eau qui consiste à recourir aux pierres vivantes. Il s'agit tout simplement de pierres ramassées dans la nature abritant in situ des organismes vivants. La pierre de base est généralement très poreuse, labyrinthique, et présente des zones aérobies et anaérobies peuplées d'animaux et de bactéries microscopiques. Ces derniers purifient l'eau sur le même principe que les bactéries dans un filtre extérieur. Ce système est connu aujourd'hui sous le nom de « méthode de Berlin ».

Dans la méthode de Berlin, c'est d'abord avec les pierres vivantes et le filtre à protéines que l'on va se débarrasser efficacement des matières toxiques indésirables. Le principe est que le filtre à protéines élimine la matière organique avant qu'elle se transforme en ammoniac ; il n'est plus nécessaire alors que les bactéries le convertissent en nitrates et en nitrites. L'intégration de grandes zones de pierres vivantes réduit également la charge sur les systèmes de filtration biologique. L'un des inconvénients des pierres vivantes reste leur coût relativement élevé quand on considère la quantité nécessaire de pierres dans l'aquarium, ce qui risque de décourager de nombreux aquariophiles.

Les pierres vivantes sont en vente dans les magasins d'aquariophilie où il est même possible de leur inoculer de nouveaux organismes vivants. Il est évident que dans le cas des pierres vivantes, les précautions d'usage prises lors du nettoyage des pierres décoratives ne sont pas de mise. Il est essentiel que les pierres vivantes soient introduites dans l'eau oxygénée dès que possible. Selon leur qualité (il est préférable d'en connaître la provenance), vous pourrez les introduire directement dans le bac, ou bien les mettre en quarantaine (comme vous le feriez avec de nouveaux poissons). Pendant la quarantaine, il y a des chances pour que certains organismes meurent et que de nouveaux se développent. Leur introduction provoquera des variations des taux de nitrates et de nitrites et il faudra attendre que les conditions physico-chimiques de l'eau se stabilisent avant le transfert des pierres à leur emplacement définitif.

À moins que l'aquarium ne soit équipé de pierres vivantes dès le début (voir page 46 – La préparation de l'aquarium) il faudra les introduire petit à petit dans un aquarium établi pour éviter les variations du potentiel d'oxydoréduction.

L'osmose inverse

Nous n'avons présenté jusqu'ici que le matériel nécessaire au traitement de l'eau une fois introduite dans l'aquarium. L'un des moyens les plus faciles d'obtenir de l'eau de bonne qualité est de commencer par utiliser… la meilleure eau qui soit. Pour que nous puissions la consommer sans danger, l'eau du robinet ne contient pas seulement du chlore et de la chloramine, mais également des pesticides, des nitrates, des phosphates et de la silice, tous ces éléments nuisant à la santé des animaux. Pour empêcher l'introduction de ces substances dans l'aquarium, nous vous conseillons vivement d'utiliser un système d'osmose inverse tel qu'un osmoseur.

L'osmose inverse est un procédé permettant d'éliminer les sels et les minéraux de l'eau ainsi que les toxines mentionnées ci-dessus, parallèlement à certaines bactéries et autres virus et aux spores des algues. L'élément principal de l'osmoseur est une membrane semi-perméable qui laisse passer l'eau tout en repoussant les autres substances. Presque tous les osmoseurs sont équipés d'un préfiltre au charbon pour éliminer le chlore de l'eau.

Facile à relier sur le circuit d'eau froide de la maison, l'osmoseur présente toutefois un inconvénient : il faut remplacer trois à quatre mesures d'eau rejetée par une mesure d'eau claire. On pourra cependant recycler cette eau riche en éléments nutritifs pour l'arrosage des plantes.

L'emploi d'un bon mélange d'eau de mer reconstituée garantira un apport correct en oligoéléments et en minéraux dans l'eau de l'osmose inverse avant son introduction dans l'aquarium. Si vous utilisez de l'eau de l'osmose inverse pour un apport partiel en eau douce, il faudra ajouter un matériau tampon d'eau de mer et un additif concentré en oligoéléments.

Ci-dessus : *L'eau du robinet est traitée pour notre consommation. Les produits chimiques qu'on y ajoute en font une eau sans risque pour nous mais dangereuse pour l'aquarium si on l'introduit sans un traitement préalable.*

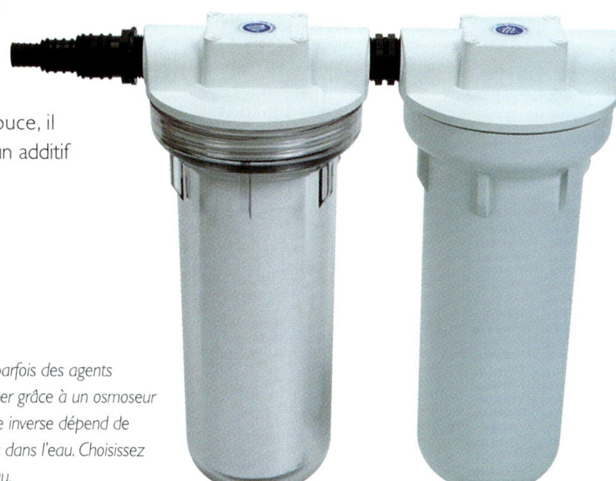

À droite : *L'eau du robinet contient parfois des agents de contamination que l'on peut éliminer grâce à un osmoseur comme celui-ci. L'efficacité de l'osmose inverse dépend de la concentration de polluants présents dans l'eau. Choisissez le modèle le mieux adapté à votre eau.*

Le principe de l'osmose inverse

Lorsque deux solutions sont séparées par une membrane semi-perméable, elles ont naturellement tendance à s'équilibrer en concentration par osmose. En exerçant une pression pour inverser ce processus, on génère une eau très pure.

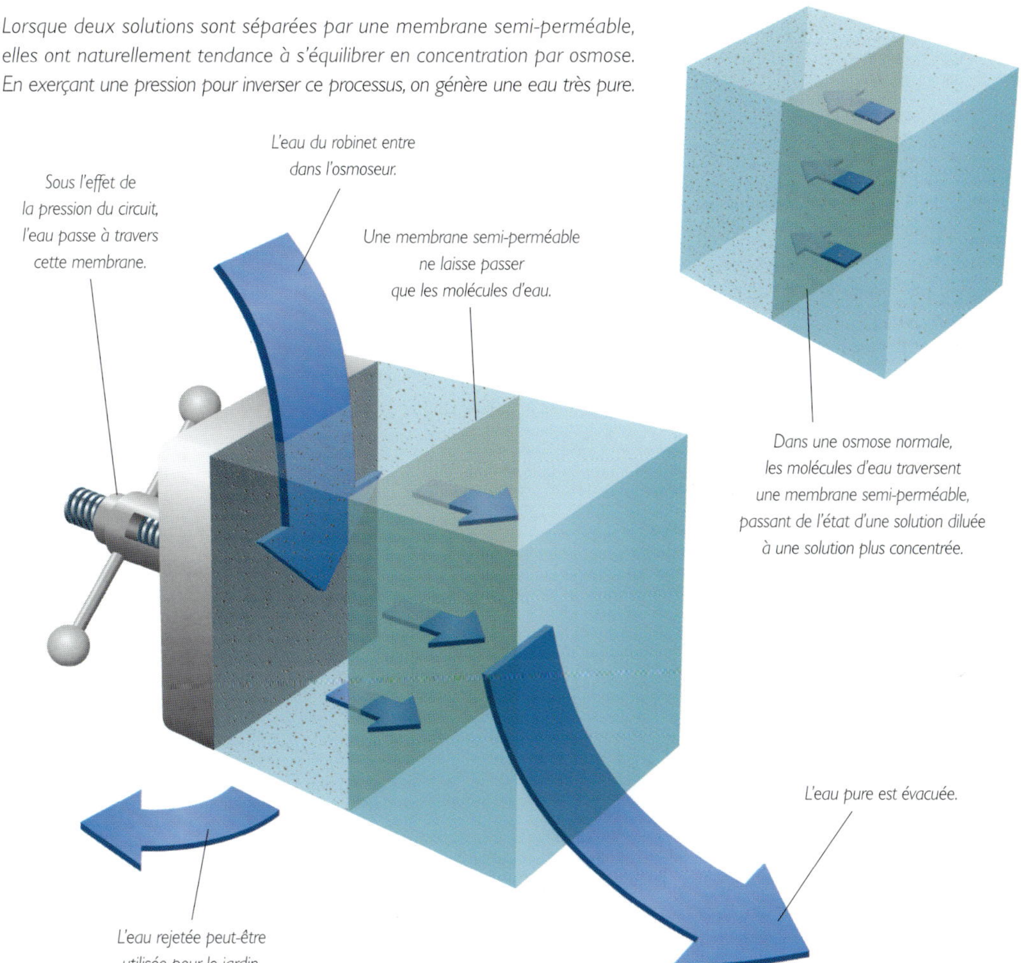

Les systèmes de traitement de l'eau

La cuve à décantation située sous un aquarium récifal est un appareil de haute technologie composé de tubes, de compartiments et de cylindres pour préserver les qualités physico-chimiques de l'eau dans l'aquarium. L'eau est acheminée de l'aquarium dans la cuve par un système de trop-plein. Une fois purifiée, elle est réintroduite dans l'aquarium grâce à une pompe située à l'intérieur de la cuve. La cuve est équipée d'un filtre semi-humide rempli de billes en plastique que l'eau va traverser avant de passer à travers d'autres composants filtrants. Évoluant dans l'atmosphère au lieu d'être totalement submergées, les bactéries nitrifiantes qui prolifèrent dans ces conditions sont largement alimentées en oxygène et n'en sont que plus efficaces.

On peut supprimer les nitrates à l'aide d'un appareil à dénitrification appelé dénitrificateur, rempli de bactéries qui vivent en milieu anaérobie. Ces bactéries s'alimentent en puisant dans les nitrates l'oxygène qui leur est nécessaire, et les nitrates retournent alors à l'état d'azote gazeux.

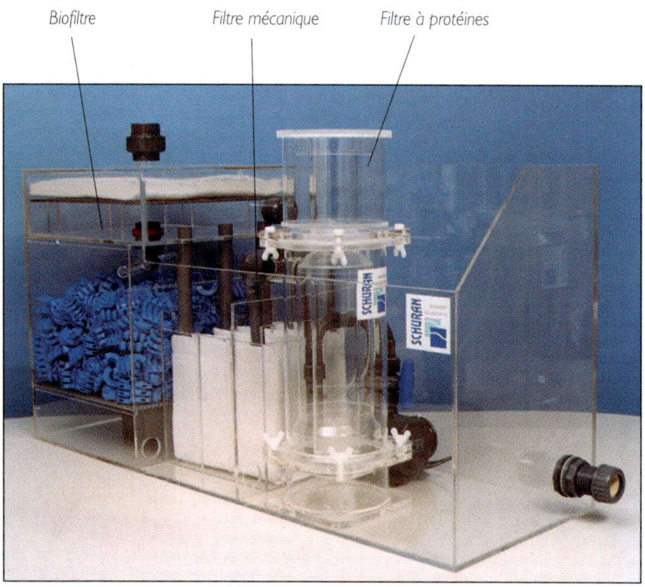

À gauche : *Le système complet comprend différents systèmes de filtration et traitement de l'eau, y compris les filtres à protéines, les éliminateurs de phosphate, les réservoirs pour faire l'appoint d'eau douce, et il peut même abriter le chauffe-eau.*

Ci-dessus : *Lorsque l'aquarium est installé dans une armoire, il est logique de rassembler tous les équipements de traitement de l'eau au même endroit, à l'abri des regards mais facile d'accès pour l'entretien.*

Les réacteurs à calcium

Le réacteur à calcium n'est pas un filtre, mais nous abordons cet appareil dans ce chapitre, car il est généralement utilisé en conjonction avec un système de filtration. Le carbonate de calcium est nécessaire à la croissance du squelette et de la carapace des invertébrés qui finissent par priver l'eau de cet élément. Au fur et à mesure que l'eau de l'aquarium vieillit et que ses capacités tampon pour le calcium diminuent, le pH a tendance à chuter, ce qui peut provoquer des problèmes de métabolisme chez les poissons et les invertébrés, des difficultés respiratoires par exemple. Il est essentiel de maintenir le pH à 8,3 pour les occupants d'un aquarium de récif, ce à quoi le réacteur à calcium peut contribuer. Il s'agit généralement d'un récipient en acrylique étanche rempli de matière calcaire comme l'aragonite (ci-dessous : réacteur présenté vide). L'eau qui entre dans le récipient sous un débit assez faible arrive dans le filtre principal via un système de dérivation. On injecte alors du gaz carbonique dont la nature acide dissout lentement l'aragonite plus alcaline, chargeant ainsi l'eau de l'aquarium en calcium. Le gaz carbonique est épuisé dans le processus.

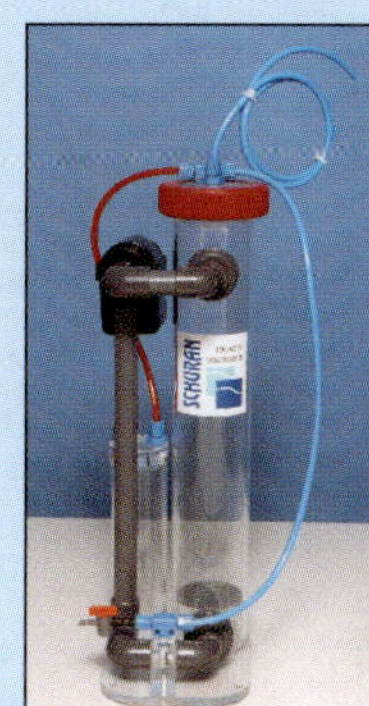

La température de l'eau

L'aquarium d'eau de mer doit présenter une température relativement constante, condition *sine qua non* à la survie des poissons et des invertébrés provenant des récifs coralliens tropicaux. Selon votre région, certaines mesures seront nécessaires pour refroidir l'aquarium tropical, notamment pendant les mois d'été.

Le matériel de chauffage

La méthode de chauffage la plus répandue en matière d'aquarium est l'utilisation de petites résistances électriques à immersion, couplées d'un thermostat. Ces résistances sont généralement protégées dans un tube de verre, mais on trouve aujourd'hui des modèles sans manchon de protection fabriqués dans des matériaux résistants comme le titane. Certains chauffe-eau sont équipés de filtres à cartouche externes que nous vous conseillons d'inspecter soigneusement, car la plupart ne sont sans danger que pour les systèmes d'eau douce, les différentes parties du filtre et les systèmes de connexion au thermostat étant soumis à la corrosion dans l'eau salée. Il existe également des câbles de chauffage sous gravier équipés d'un thermostat externe.

Il est tout à fait possible d'intégrer le matériel de chauffage dans le compartiment de traitement de l'eau (ou la cuve à décantation) d'un système intégré. Votre chauffe-eau n'en sera que plus efficace dans la mesure où il ne chauffera qu'un petit volume d'eau à la fois.

Le réglage de la température

Dans le cas d'un chauffe-eau standard, le thermostat intégré contrôle l'électricité fournie à la résistance en sondant la température de l'eau. Celle-ci est mesurée au moyen d'une lamelle bimétallique qui se courbe ou se rigidifie, établissant ou rompant le contact en cas de variation de température, ou bien par un circuit électronique. Les thermostats électroniques sont généralement indépendants de la résistance et le contrôle de la température se fait au moyen d'une sonde immergée qui envoie un message au thermostat, lequel régule l'énergie transmise à la résistance.

Dans la plupart des aquariums tropicaux d'eau de mer, la température idéale est de 24 °C (75 °F). Les chauffe-eau fabriqués en série sont généralement paramétrés à cette température, mais on pourra en modifier les réglages, si nécessaire.

Les résistances sont graduées en degré Celsius ou Fahrenheit, et présentent parfois les deux échelles côte à côte.

À droite : *Il vous suffira de tourner un bouton en haut du chauffe-eau pour le régler à la température souhaitée. Certains modèles sont équipés d'une diode indiquant si l'appareil est en marche ou à l'arrêt. Assurez-vous qu'elle soit bien en vue et ayez toujours un chauffe-eau de rechange à portée de main en cas de panne.*

Les thermostats sont soit analogiques, soit numériques. Les modèles analogiques se règlent manuellement, tandis que les thermostats numériques permettent la programmation de différents paramètres et sont souvent équipés d'un système d'alarme automatique signalant une température trop élevée ou trop basse. Certains sont même équipés d'un écran qui enregistre les maxima et minima de température sur une période donnée, et indiquent la température actuelle. La fiabilité et la précision de ces thermostats numériques constitueront une protection supplémentaire pour les occupants de l'aquarium et seront synonymes de tranquillité d'esprit pour l'aquariophile.

Il existe également sur le marché des systèmes gérés par ordinateur qui régulent la température parallèlement à un certain nombre de paramètres de la qualité de l'eau. Généralement fournis avec un logiciel et des câbles de connexion à l'ordinateur, ils permettent de relever les tendances et d'enregistrer d'autres informations qui pourraient vous être utiles.

Quelle puissance choisir ?

Il faut environ 10 W pour chauffer un volume de 4,5 litres. Un aquarium de 90 x 30 x 38 cm contient près de 110 litres d'eau. Il lui faudra donc une puissance de chauffage de 240 W. Un petit modèle suffira si la pièce est chauffée en permanence. En suivant les conseils de cet ouvrage, un seul chauffe-eau de 250 W sera suffisant, mais il est préférable de choisir deux chauffe-eau de 150 W, vous aurez ainsi une meilleure marge de manœuvre et l'un pourra suppléer l'autre en cas de panne.

Toujours fraîche

Les refroidisseurs contiennent une unité de réfrigération compacte qui refroidit l'eau introduite dans l'aquarium à une température préréglée. Optez toujours pour un modèle conçu spécifiquement pour les aquariums d'eau de mer. Demandez conseil à votre vendeur si vous hésitez sur la taille ou le modèle de refroidisseur.

Ci-dessus : *Les embouts d'entrée et de sortie de l'eau apparaissent ici, en rouge, à l'avant du refroidisseur.*

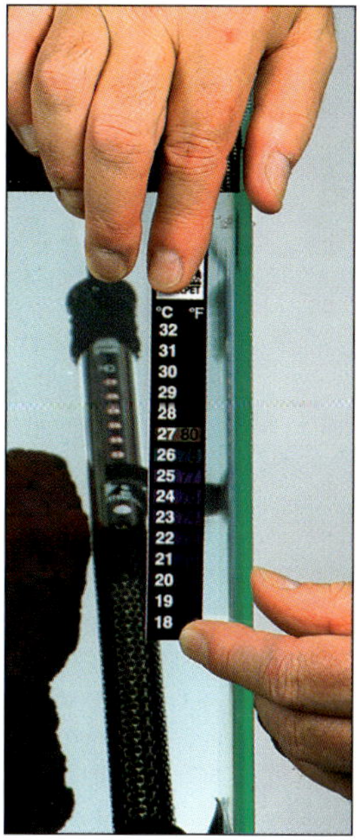

À droite : *Il existe aujourd'hui une vaste gamme de thermomètres pour aquarium, y compris les modèles à cristaux liquides, de lecture facile, que l'on colle à la paroi externe du bac.*
Un modèle numérique est présenté à la page 57.

L'éclairage de l'aquarium

Lorsqu'il ne contient que des poissons, l'éclairage de l'aquarium est avant tout une affaire de goût. Deux tubes fluorescents devraient suffire, éventuellement accompagnés d'une lampe bleue pour l'éclairage de nuit. Mais si vous accueillez des invertébrés, l'éclairage devient une tout autre affaire. De nombreux coraux, mollusques et anémones de mer comptent sur les algues du nom de zooxanthellae pour se nourrir. Outre une eau de bonne qualité, la principale exigence des zooxanthellae et des macro-algues comme *Caulerpa* est une lumière de forte intensité à la bonne longueur d'ondes. Les zooxanthellae ne pourront pas vivre dans un aquarium n'abritant que des poissons, doté d'un éclairage de faible intensité. Il est donc essentiel d'équiper l'aquarium de récif d'un éclairage approprié, ce qui implique l'emploi de lampes halogènes.

Deux facteurs clés entrent en jeu dans l'adéquation entre une lampe et un aquarium donné : l'intensité lumineuse et la température de couleur. Une bonne compréhension de ces facteurs vous aidera à choisir le système d'éclairage le plus approprié pour un aquarium réservé aux poissons ou un aquarium de récif accueillant également des invertébrés.

L'intensité lumineuse

L'énergie électrique d'une lampe se mesure en watts. L'intensité ou luminosité d'une source de lumière se mesure en lumens ou en lux (soit en lumens par mètre carré).

L'intensité d'une lampe est généralement indiquée sur son emballage. Celle de la plupart des tubes fluorescents se situe le plus souvent entre 5 000 à 6 000 lumens, mais peut aussi être beaucoup plus basse alors qu'il est fréquent qu'une lampe halogène émette plus de 10 000 lumens.

L'intensité de la lumière dépend de l'efficacité de la lampe, or il est difficile d'obtenir un éclairage de forte intensité avec des tubes fluorescents. Ceci est particulièrement vrai dans les aquariums profonds où la lumière émise par le tube décroît rapidement.

La température de couleur

Toutes les lampes émettent une lumière que nous percevons de telle ou telle couleur. En fait, la couleur que nous percevons est composée de plusieurs couleurs correspondant chacune à une bande de longueur d'ondes sur le spectre. On l'appelle la température de couleur et on la mesure en degrés Kelvin. Plus le nombre de kelvins est élevé, plus on est en présence d'une lumière blanche et froide. Plus le nombre de kelvins est bas, plus on est en présence d'une lumière chaude, en général rouge ou jaune. La température de couleur de la flamme d'une bougie par exemple sera de 1 800 °K, celle d'un tube fluorescent blanc de 4 000 °K tandis que celle d'une lampe halogène très lumineuse pourra s'élever à 14 000 °K. Pour vous donner un ordre d'idée, sachez qu'un ciel bleu sur un récif tropical peut atteindre plus de 30 000 °K.

Les vraies couleurs de la lumière

L'arc-en-ciel nous rappelle que la lumière blanche est composée d'un spectre de couleurs produites par différentes longueurs d'ondes : courtes pour le violet, longues pour le rouge.

À droite : *Les longueurs d'onde de la lumière pénètrent à différentes profondeurs dans la mer. La lumière bleue peut descendre jusqu'à 250 m, la lumière ultraviolette jusqu'à 100 m, tandis que la lumière rouge commence à faiblir à 10 m.*

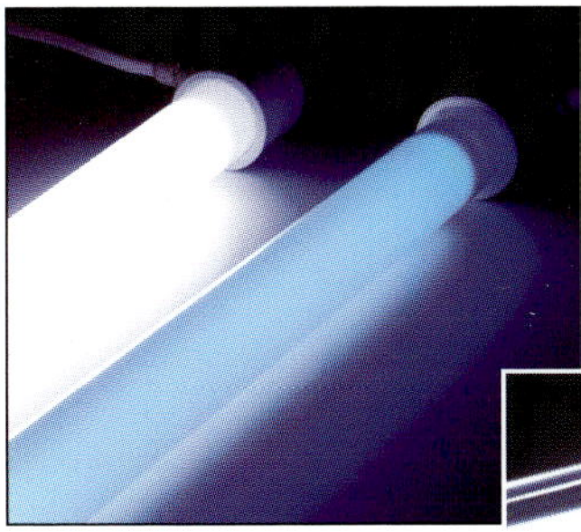

Ci-dessous : *Ces nouvelles formes de tubes standard bleu et blanc produisent 80 % d'intensité supplémentaire, laquelle est encore renforcée par les réflecteurs.*

Ci-dessus : *Ces modèles de tubes standard bleu actinique et blanc pour aquarium marin mesurent 60 cm de long pour une consommation de 18 W.*

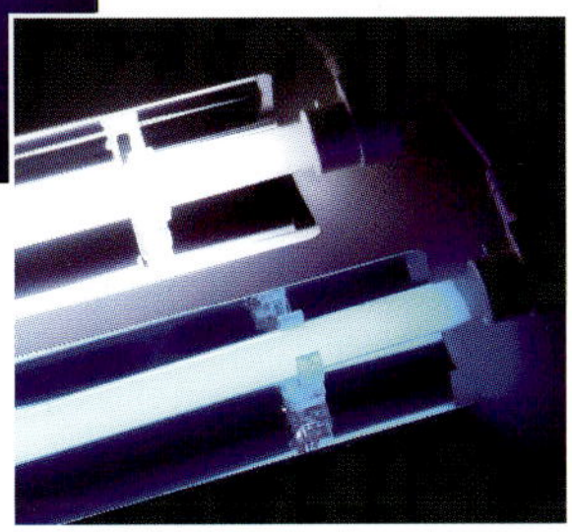

La répartition de l'énergie spectrale

L'émission des différentes longueurs d'ondes de la lumière produite par une lampe a pour nom la répartition de l'énergie spectrale. Celle-ci représente en effet la puissance de la lumière dans des bandes de couleurs différentes et permet une illustration graphique très pratique pour comparer les performances de couleur d'une lampe. Les graphiques ci-dessous comparent l'émission de deux sources de lumière par rapport au spectre complet du soleil. Vous verrez le même type de graphiques sur les emballages des lampes d'aquarium. Les longueurs d'ondes s'expriment en nanomètres (1 nanomètre = 1 millionième de mm).

Le tube fluorescent blanc au triphosphore

Ces courbes de puissance d'émission spectrale montrent que les tubes fluorescents de ce type produisent des niveaux utiles de luminosité dans des longueurs d'ondes variées, offrant une lumière vive à tous les occupants de l'aquarium (l'échelle verticale de ces graphiques reflète les différences d'émission).

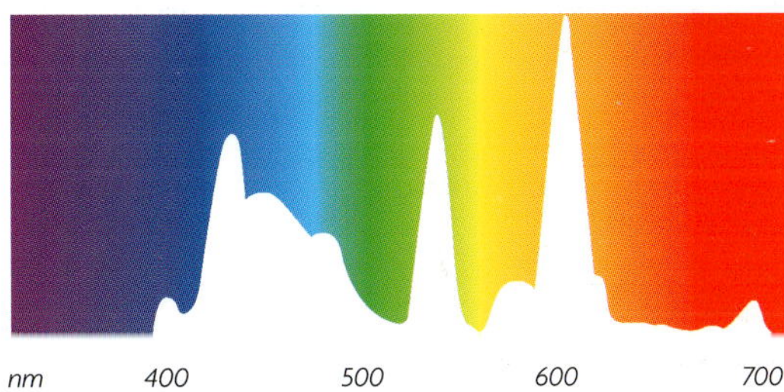

Le tube fluorescent bleu actinique 03

Ce tube a une puissance d'émission élevée dans la zone bleue du spectre, notamment dans la bande dite bande actinique à 420 nm, une donnée essentielle au développement des zooxanthellae. Il produit aussi quelques ultraviolets créant un effet fluorescent.

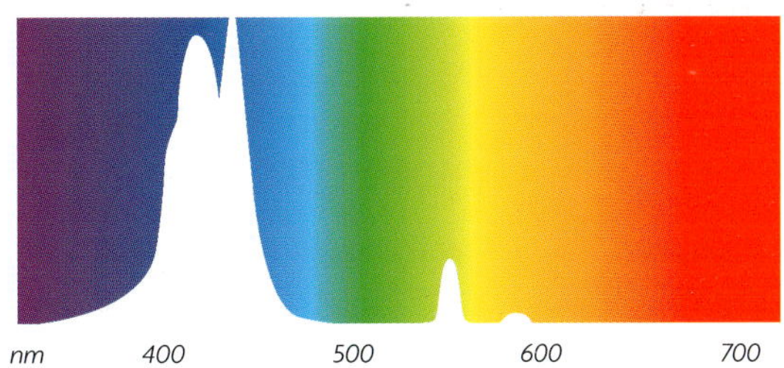

L'éclairage de l'aquarium

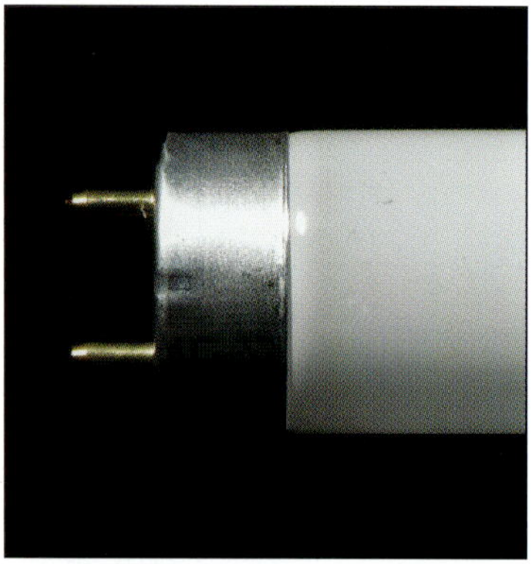

À gauche : *Les tubes fluorescents classiques utilisés dans le monde entier dans les maisons et les bureaux conviennent parfaitement aux aquariums. La mise au point d'un revêtement au triphosphore a renforcé la puissance d'émission sur une large bande de longueurs d'ondes.*

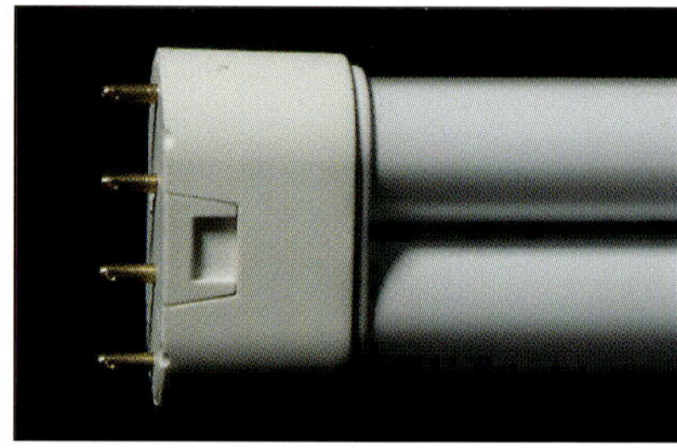

Ci-dessus : *Le tube biax en boucle s'apparente à un tube fluorescent conventionnel replié sur lui-même, les deux jeux de doubles broches étant alignés du même côté. Ces tubes permettent de gagner de la place et émettent une lumière de forte intensité idéale pour les aquariums.*

À gauche : *Ce modèle de tube fluorescent étroit produit une lumière intense et ne requiert que peu d'espace dans le couvercle de l'aquarium. Ces tubes sont allumés à partir d'un système d'interrupteur électronique (un ballast), et sont disponibles dans toute une gamme de modèles au phosphore.*

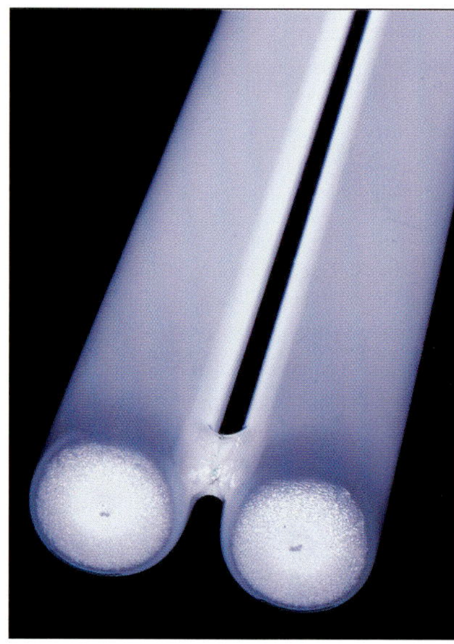

À droite : *Les tubes fluorescents biax éclairent autant que les tubes fluorescents conventionnels. Les tubes jumeaux accolés l'un à l'autre produisent une lumière intense pour un minimum d'encombrement. L'autre avantage de ces lampes est que l'on peut les enduire de différents revêtements au phosphore, ce qui permet de recréer l'impression de deux tubes en un.*

À droite : *Les lampes halogènes pour aquarium sont intégrées dans un coffre comme celui-ci puis suspendues au-dessus d'un aquarium ouvert. Elles produisent une lumière très vive, mais ont besoin d'une bonne circulation d'air à cause de la chaleur qu'elles génèrent.*

Ci-dessus : *L'installation de tubes fluorescents blancs et bleus conjugués à une lampe halogène offre à l'aquariophile la possibilité de créer des effets de lumière distincts avec une zone chaude que l'on pourra exploiter pour présenter un décor particulier ou mettre en valeur les invertébrés dans l'aquarium.*

Les lampes halogènes

Les lampes halogènes émettent dans une large bande du spectre de fortes intensités allant de 400 à 480 nm (convenant aux zooxanthellae) jusqu'à 550 nm (simulant la lumière du soleil). Le volume des courbes de la puissance d'emission spectrale présentée ci-dessous indique une lumière vive.

L'éclairage de l'aquarium

La dernière phase de l'aménagement de l'éclairage est de calculer la durée pendant laquelle on va laisser les lampes allumées, autrement dit la photopériode. Il n'y a aucune règle en la matière, les besoins variant en fonction de chaque aquarium. Le mieux est de s'inspirer de la nature et d'essayer de reproduire dans votre aquarium le cycle de la vie sur le récif.

Près de l'équateur, la période d'éclairage naturel est d'environ 12 heures par jour, tandis qu'à des latitudes tropicales (à environ 20° au nord et au sud de l'équateur), il ne fait totalement jour qu'entre 9 heures du matin et 3 heures de l'après-midi. Si vous utilisez des tubes fluorescents, commencez par régler votre éclairage sur une période de 12 heures et allumez une lampe bleue ou un modèle de lampe moins intense une ou deux heures avant l'éclairage principal, que vous éteindrez une ou deux heures après l'extinction du tube fluorescent. Vous créerez ainsi une aube et un crépuscule artificiels, ce qui évitera de stresser les poissons nerveux.

Si vous utilisez des lampes halogènes, commencez par une photopériode de 8 heures, cette fois encore en allumant une lampe bleue avant l'halogène et en l'éteignant après ce dernier. Certains systèmes d'éclairage sophistiqués sont dotés d'une minuterie programmable et d'une lampe spéciale « clair de lune », qui correspond au cycle de la lune !

La lumière en milieu naturel

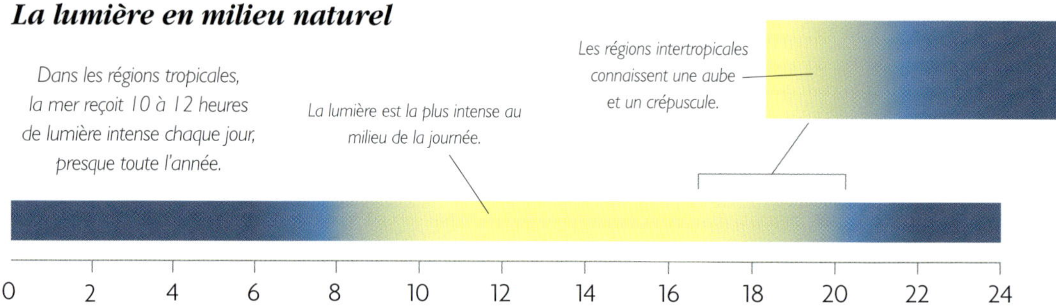

La lumière dans l'aquarium

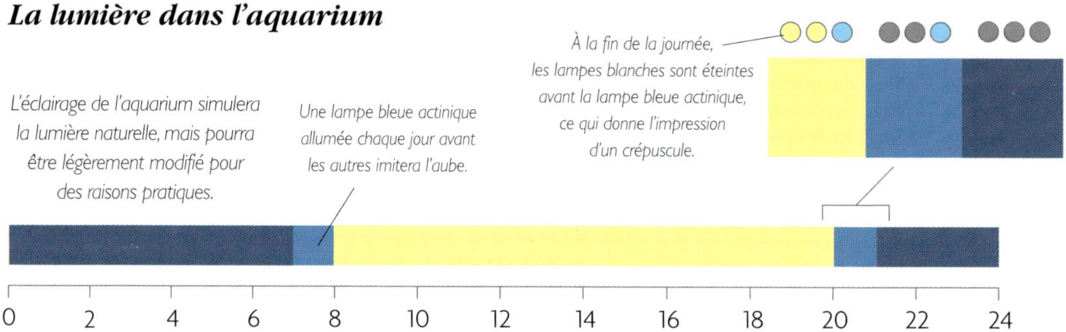

La dispersion de la lumière dans l'aquarium

Le choix des pierres

Les néophytes en matière d'aquariophilie marine seront pardonnés s'ils pensent que l'on décore un aquarium avec du substrat, des pierres et autres à seules fins esthétiques. Dans les aquariums d'eau de mer d'aujourd'hui, ces éléments tiennent un rôle à part entière en maintenant la qualité de l'eau et en offrant aux poissons et aux invertébrés un refuge dans lequel se loger ou sur lequel se poser. En règle générale, ces matériaux doivent être soigneusement nettoyés ou traités avant usage et préparés avant l'installation de l'aquarium.

Lorsque le moment est venu de décorer l'aquarium, travaillez toujours du fond vers le haut. Déposez d'abord les formations rocheuses ou les pierres vivantes directement sur le fond, puis étalez le substrat. (Pour plus de détails, reportez-vous à la page 46 : La préparation de l'aquarium d'eau de mer). Cela va peut-être de soi, mais si vous envisagez l'emploi de filtres biologiques comme le plénum, le plus souvent situés en dessous du substrat, il faut évidemment les installer avant le reste.

Le substrat

Dans le cas d'un aquarium tropical d'eau de mer, le sable de corail et le gravier de corail sont les seuls choix possibles si vous souhaitez recréer un environnement naturel. Dans les aquariums d'eau de mer tempérée, on peut utiliser un sable de plage fin, du gravier ou de petits cailloux, ou conjuguer les deux.

À gauche : *Le gravier de corail et le sable de corail (présenté ici) sont les substrats les mieux adaptés et les plus disponibles pour l'aquarium d'eau de mer. Non seulement ils sont esthétiques, mais ils permettent le maintien d'un pH stable et ont une grande capacité tampon.*

Sur le récif, le sable est essentiellement produit par des animaux comme les vers polychètes et les perroquets de mer qui grignotent le corail à la recherche de micro-organismes et d'algues. Ils y mettent tellement d'ardeur qu'ils finissent par excréter un sable fin qui se dépose sur les fonds marins. Le gravier de corail se forme quant à lui sous l'action des vagues : les fragments du corail brisé sous la force de ces dernières finissant par s'éroder. Dans la nature, une multitude d'organismes, vers, crustacés et autres organismes microscopiques, vivent dans le sable et le maintiennent propre et aéré jusqu'à une certaine profondeur. Dans l'aquarium, ces organismes s'avéreront très utiles eux aussi si vous laissez le sable devenir « vivant ».

Le choix des pierres

Quand vous aurez fait votre choix quant à l'installation de votre aquarium, vous devrez sélectionner les matériaux appropriés. Encore une fois, n'oubliez pas l'importance du maintien de la qualité de l'eau et choisissez vos pierres parmi la large gamme de substances calcaires et inertes proposée sur le marché. Par chance, il est très facile de se procurer des matériaux comme les pierres de lave, les roches océaniques et ce qu'on appelle les pierres vivantes (voir page 29) pour l'aquarium tropical d'eau de mer. Dans le cas des bacs d'eau froide ou tempérée, vous pourrez élargir votre choix au grès, au granit, à certaines ardoises (la grise est sans danger) et au calcaire. Quelle que soit votre décision, inspectez soigneusement vos pierres et veillez à ce qu'elles ne présentent aucune veine de minerai métallique. Il arrive en effet que l'on trouve des minerais dans les pierres, notamment dans le tuf et les pierres de lave volcanique.

Si l'agencement de l'habitat dans l'aquarium est avant tout une matière de goût, on ne perdra pas son temps en réfléchissant un peu aux besoins des animaux que l'on veut accueillir. Les poissons ont besoin d'un lieu pour la nuit, à moins qu'il ne s'agisse d'espèces nocturnes, auquel cas il leur faudra un endroit pour s'abriter le jour. Les crevettes et autres crustacés

Les roches adaptées aux aquariums d'eau de mer

Les roches océaniques calcaires contribuent à la stabilité du pH dans l'aquarium.

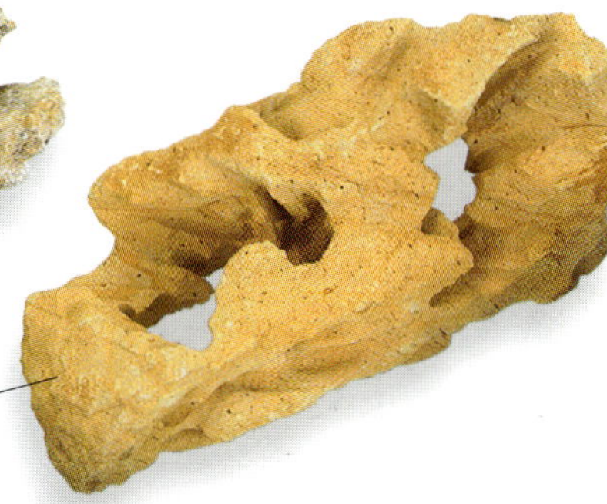

Cette roche océanique que l'on a polie constitue désormais une base propice à la croissance des algues.

Cette roche poreuse a été façonnée à la main. On y a creusé des trous dans lesquels les poissons peuvent nager.

ont besoin de saillies sous lesquelles se loger, et certains poissons comme les rascasses se pendent souvent la tête en bas, sous les surplombs. Comme leur nom l'indique, les espèces à comportement territorial doivent pouvoir établir leur territoire, tandis que les espèces arpentant le bac comme les balistes, les chauve-souris de mer et les demoiselles ont besoin d'un espace relativement spacieux pour évoluer. En intégrant des grottes, des crevasses, des saillies et des arches ainsi qu'un bel espace de nage, vous serez en mesure de répondre à une grande variété de besoins.

Bâtir une grotte en pierres de lave

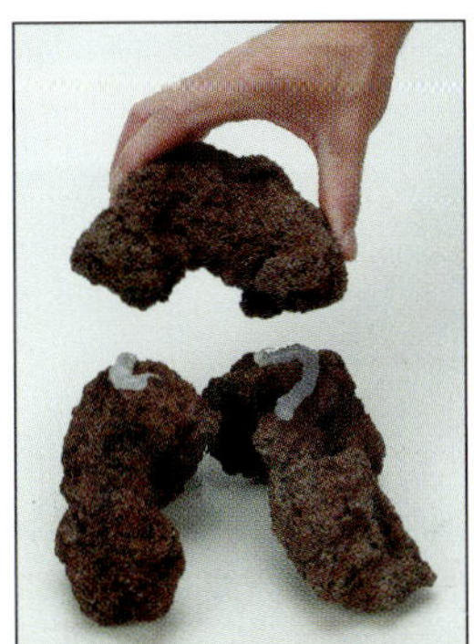

Posez le « toit » sur deux pierres siliconées en appuyant fermement et attendez quelques jours que le tout ait pris avant d'introduire la grotte dans l'eau.

Les décors synthétiques

Grâce aux nombreuses émissions télévisées sur la mer et les fonds marins, notre représentation des coraux dans un aquarium d'eau de mer a évolué et nous sommes aussi beaucoup mieux informés. Les coraux au squelette dégarni ne sont plus décoratifs à nos yeux, ni même représentatifs de la nature. Nous apprécions aujourd'hui les coraux pour leurs formes vivantes et sommes prêts à aller très loin pour nous assurer que les conditions de vie dans l'aquarium sont établies autant à leur avantage qu'à celui des poissons.

Pour ceux qui souhaitent reproduire le monde sous-marin né de leur imagination sans se préoccuper de l'entretien de coraux vivants, il existe des coraux artificiels très réalistes pour décorer l'aquarium. Conçues pour ressembler le plus possible aux vrais coraux, ces imitations perdent rapidement leur côté artificiel une fois recouvertes de détritus d'aquarium ou d'algues. Pour être faux, ces coraux n'en constituent pas moins des refuges et des abris pour les poissons comme les vrais le font dans la nature, et présentent sur le corail vivant l'avantage de pouvoir être sortis facilement pour un bon nettoyage dès qu'on les trouve moins attractifs !

Vous pourrez construire des structures très naturelles avec des fausses pierres en les pendant à des attaches de câble fixées au-dessus de l'aquarium afin d'éviter le risque d'effondrement des pierres, surtout si vous ne disposez que d'un substrat peu profond dans lequel les loger ou si vous voulez créer des surplombs.

Évitez de créer des zones mortes où il n'y aurait que peu ou pas de circulation d'eau. Il est essentiel que toutes les parties de l'aquarium bénéficient d'une eau bien oxygénée, surtout dans l'aquarium récifal où les courants apporteront leurs aliments aux invertébrés sédentaires. En plaçant judicieusement de petites pompes supplémentaires, vous serez assuré d'avoir le débit nécessaire à cet effet.

En regroupant ces coquilles de pouce-pied, on a créé un effet plus naturel.

À gauche : *Que la formation rocheuse soit naturelle ou synthétique ne fait aucune différence pour les poissons qui cherchent refuge dans ses nombreuses cavités. Quand viendra l'obscurité, la plupart de vos pensionnaires y trouveront une cachette pour la nuit.*

À droite : *En choisissant des formes, des couleurs et des tailles contrastées, même les modèles synthétiques de coraux apporteront une dimension supplémentaire aux décorations de l'aquarium. N'oubliez pas que ces structures ne pousseront plus et assurez-vous que vous avez assez de place pour la croissance des coraux vivants ou mous.*

Bien qu'il ait l'air assez laid hors de l'eau, cet arbre perdra rapidement son côté brut et apportera couleur et intérêt à tous les décors.

Cet éventail de mer a l'air particulièrement réaliste. Ses branches ouvertes ondoyant avec élégance formeront un joli contraste sur des espèces plus verticales.

À droite : *Certains coraux moulés dans la résine ont l'air incroyablement vivants. Dans un aquarium d'eau de mer, ils se patineront rapidement, se couvrant de détritus et d'algues, et paraîtront encore plus vrais. Ils constituent la seule alternative si l'on veut préserver les coraux dans leur habitat naturel.*

L'emplacement et la préparation de l'aquarium

Dans les pages suivantes, nous abordons les différentes phases d'installation de l'aquarium marin : la mise en place des équipements nécessaires aux trois types de filtration (biologique, mécanique et chimique), à l'éclairage et au chauffage. Nous avons choisi d'établir notre aquarium avec un substrat, quelques pierres vivantes, des poissons et des invertébrés.

Nous intégrerons également un filtre à lit fluidifié monté à l'extérieur, un filtre à protéines externe pour éliminer les déchets organiques et chimiques, et un filtre à moteur externe (ou filtre cylindrique) avec une couche de laine filtrante et une couche de mousse filtrante pour éliminer les particules en suspension et améliorer la circulation de l'eau dans l'aquarium. Certains de ces équipements étant situés à l'extérieur du bac, prévoyez suffisamment d'espace sur le socle de l'aquarium ou le long du panneau arrière.

Avant de procéder à l'installation, nous vous conseillons d'établir la liste de tous les éléments nécessaires. Assurez-vous que le sol et le socle ou l'armoire prévus sont suffisamment solides pour supporter le poids de l'aquarium une fois ce dernier rempli d'eau. Suivez les conseils présentés dans ces pages pour mettre l'aquarium en place et posez une plaque de polystyrène expansé sur le socle pour une mise à niveau parfaite de votre bac.

Le nettoyage de l'aquarium

Il est préférable de nettoyer l'aquarium à fond avant de l'installer, ce que vous pourrez faire assez facilement une fois qu'il sera placé à son emplacement définitif. Vous constaterez ensuite que les accessoires fixés par des ventouses tiennent bien mieux sur du verre propre. Nettoyez d'abord toutes les traces de doigts et d'adhésif. Lavez l'intérieur du bac avec de l'eau chaude, légèrement salée et essuyez avec un chiffon qui ne peluche pas ou du papier absorbant. Donnez un dernier petit coup avec un chiffon imbibé d'alcool à brûler pour supprimer les traces de graisse récalcitrantes ou le ruban adhésif de l'emballage. Astiquez l'extérieur avec un nettoyant pour vitre si vous le souhaitez, mais n'utilisez jamais ce type de produit pour l'intérieur.

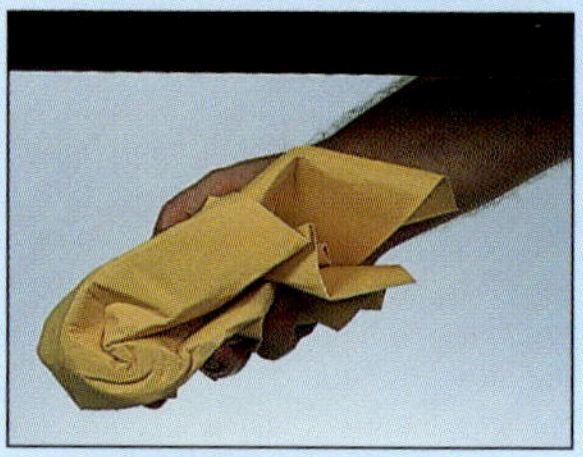

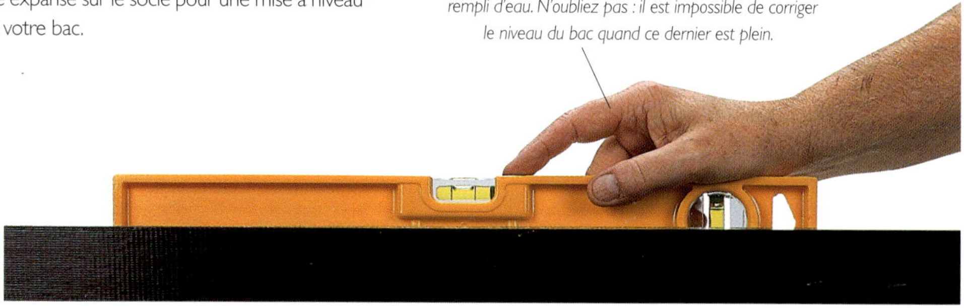

Vérifiez le niveau de l'aquarium dans la longueur, la largeur et la hauteur. Il doit être parfaitement à niveau de sorte qu'il n'y ait aucune tension entre les parois une fois qu'il sera rempli d'eau. N'oubliez pas : il est impossible de corriger le niveau du bac quand ce dernier est plein.

L'emplacement de l'aquarium

Mauvais emplacement
L'entrée n'est pas le meilleur endroit pour un aquarium à cause des courants d'air liés à l'ouverture et à la fermeture de la porte, et des allées et venues incessantes.

Bon emplacement
Même si l'aquarium est près d'une cheminée, la chaleur du mur est sans incidence.

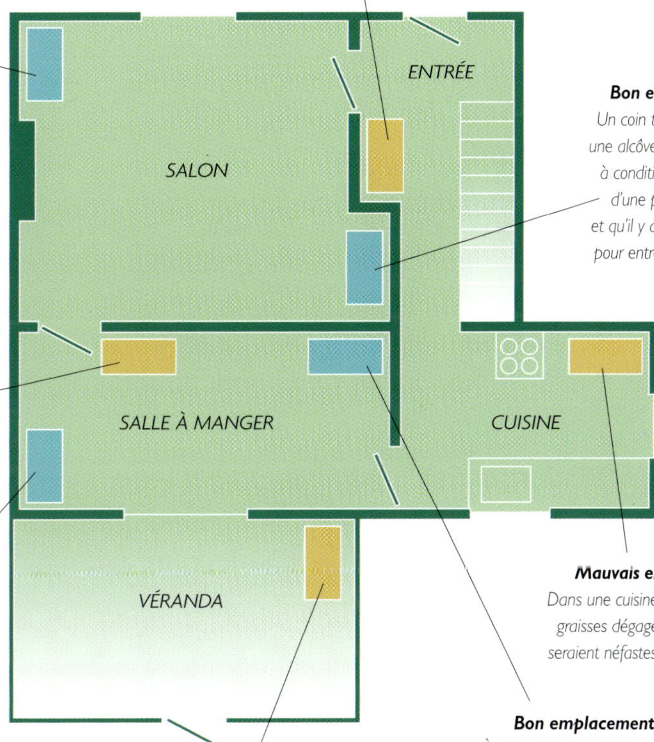

Bon emplacement
Un coin tranquille comme une alcôve est le choix idéal à condition qu'il soit près d'une prise électrique et qu'il y ait assez d'espace pour entretenir l'aquarium.

Mauvais emplacement
Il est déconseillé d'installer l'aquarium près d'une porte : les poissons seraient perturbés par le bruit et les vibrations inhérentes à son ouverture et à sa fermeture.

Mauvais emplacement
Dans une cuisine, les vapeurs et les graisses dégagées par la cuisson seraient néfastes pour les poissons.

Bon emplacement
L'aquarium rehaussera de son attrait un coin tranquille trop sombre pour une plante verte.

Bon emplacement
À cet emplacement, l'aquarium est assez loin des portes pour ne pas être perturbé par les allées et venues.

Mauvais emplacement
Dans une véranda, l'aquarium recevrait trop de lumière. Il aurait trop chaud le jour et froid la nuit.

L'installation des chauffe-eau et des filtres

De tous les équipements techniques indispensables à l'aquarium marin, le chauffage est le plus facile à installer et celui qui demande le moins d'entretien. Comme nous l'avons expliqué à la page 34, un simple chauffe-eau électrique à immersion, commandé par un thermostat, pend dans le bac et s'allume et s'éteint automatiquement selon les besoins. Lorsque le bac dépasse 60 cm de long, il est conseillé de répartir la chaleur et d'installer deux chauffe-eau, en les plaçant de chaque côté du bac. La chaleur sera bien répartie et vous serez rassuré ; au cas où l'un des deux tomberait en panne, l'autre assurerait un service minimum.

Le plus souvent, les chauffe-eau sont branchés sur le circuit électrique via un boîtier de raccordement. Contrairement aux pompes et aux lampes, ils ne sont pas munis d'un interrupteur. Pendant l'entretien, débranchez la prise électrique murale avant de plonger les mains dans l'aquarium. Attendez quelques minutes pour que la chaleur baisse un peu avant de vous mettre au travail, surtout si vous prévoyez un changement d'eau.

L'installation des chauffe-eau est très simple. Il suffit de plaquer les ventouses auxquelles vous allez les pendre sur la vitre de l'aquarium. Pour une adhésion optimale, fixez celles-ci sur le verre propre avant la mise en eau. Au fur et à mesure du remplissage, l'eau augmentera la pression sur les ventouses. Une fois le bac plein, vous n'arriveriez plus à les fixer, car il reste toujours un peu d'eau entre la ventouse et la vitre qui affaiblit l'effet de succion.

Assurez-vous que les chauffe-eau sont assez loin du substrat pour qu'il y ait une bonne circulation d'eau autour d'eux.

Les options de chauffage

Deux possibilités s'offrent à vous en matière de chauffage : soit le chauffe-eau est placé à l'intérieur de l'aquarium, soit il est installé dans la cuve à décantation située en dessous, il sera alors plus prudent de prévoir un chauffe-eau dans la cuve et un autre dans l'aquarium, en cas de besoin.

Les degrés, en caractères rouges, sont bien visibles sur la partie supérieure de ce thermostat. N'oubliez pas que ce dernier indique le degré de température sur lequel vous l'avez réglé et non la température effective de l'eau.

À gauche : *Il arrive que certains poissons, notamment les espèces d'un tempérament nerveux, cherchent abri trop près du chauffe-eau et se brûlent. Une grille de protection autour de la résistance empêchera ce type d'accidents.*

1 À moins d'un tout petit aquarium, mieux vaut installer deux chauffe-eau placés à chaque extrémité du bac pour une bonne répartition de la chaleur et pour pallier la défaillance de l'un ou de l'autre. Ces deux chauffe-eau sont composés d'une résistance et d'une petite pompe électrique pour diffuser la chaleur.

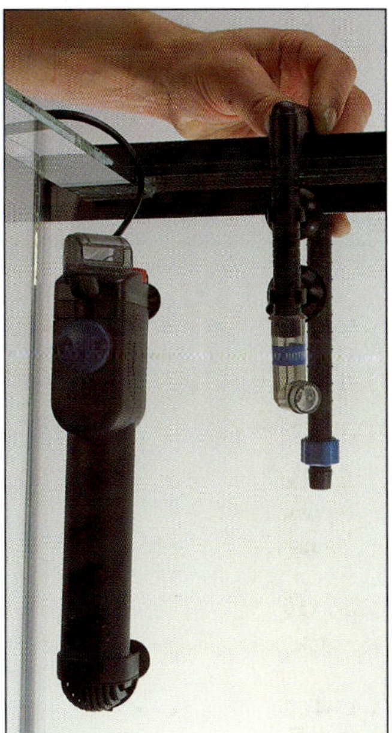

2 Disposez le tuyau de retour du filtre à moteur externe à l'une des extrémités du bac de sorte qu'il soit facilement masqué par le futur décor.

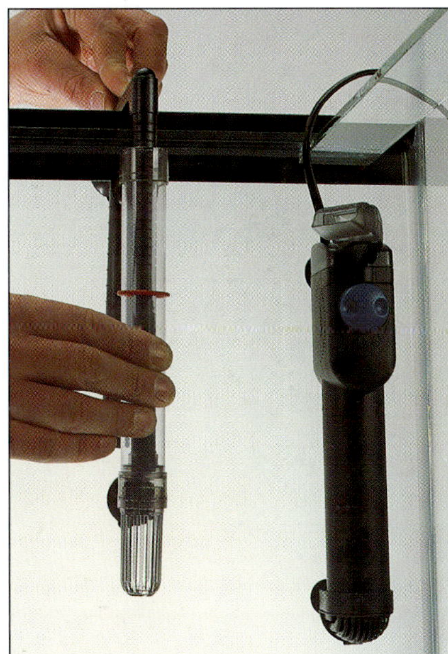

3 Placez le tuyau d'arrivée à l'extrémité opposée du tuyau de retour pour une circulation d'eau optimale.

L'installation du filtre à moteur externe

Ne placez pas le chauffe-eau trop près du substrat, sous peine de voir l'eau bouillir à cet endroit et le tube de verre qui protège la résistance se briser. De même, ne surchargez pas l'aquarium de décorations autour du chauffe-eau ou vous entraveriez la bonne circulation de l'eau.

Indépendamment des chauffe-eau, il existe d'autres méthodes de chauffage de l'eau. Certains filtres à moteur externes comportent un chauffe-eau intégré. Quand le système de filtration est une cuve à décantation indépendante, située le plus souvent juste en dessous de l'aquarium, on peut placer le chauffe-eau dans la cuve et non dans l'aquarium.

Pour régler la température de l'eau, il suffit de tourner le bouton se trouvant sur la partie supérieure de l'appareil. Un quart de tour à gauche ou à droite suffit généralement pour modifier la température. Attendez 30 à 60 secondes avant la lecture. En principe, une petite lampe au néon logée dans le corps de l'appareil s'allume si le chauffe-eau est en marche.

Ne confondez pas la valeur indiquée sur le chauffe-eau correspondant à votre réglage avec la température effective dans le bac. Vérifiez toujours la température avec un thermomètre placé sur l'aquarium ou à l'intérieur.

4 Reliez les tuyaux au filtre à moteur externe et fixez-les soigneusement aux embouts pour éviter qu'ils ne se détachent sous l'effet de la pression une fois le filtre en marche, ou vous risquez de retrouver l'eau du bac sur votre parquet !

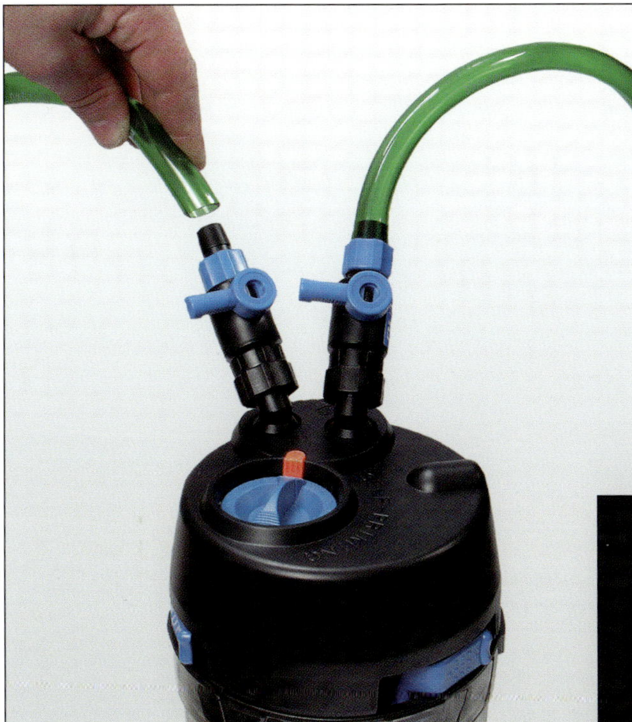

5 Enfoncez bien les tuyaux sur les embouts, faites en sorte qu'ils ne se croisent pas et si nécessaire, inscrivez dessus Entrée et Sortie.

Les robinets d'arrêts des filtres cylindriques

Installez systématiquement des robinets d'arrêt sur vos filtres cylindriques. Ces derniers seront plus faciles à nettoyer et feront moins d'éclaboussures. Si vous remplissez le filtre pratiquement jusqu'en haut après le nettoyage, il n'y aura plus beaucoup d'air pour purger le système une fois qu'il sera rebranché et que les robinets seront ouverts. Surveillez attentivement l'eau qui arrive par le tuyau de retour : le moindre ralentissement du débit indique qu'il est temps de nettoyer le filtre.

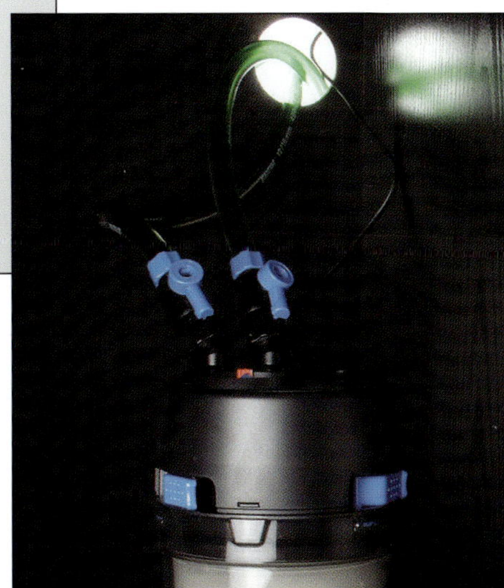

6 Si vous décidez d'installer l'aquarium dans une armoire, il vous sera plus facile de cacher les appareils extérieurs comme ce filtre à moteur externe.

L'installation des autres systèmes de filtration

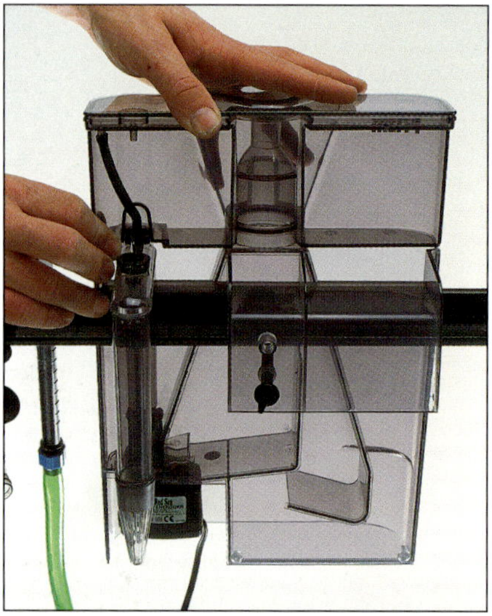

7 La mise en place du filtre à protéines varie selon les modèles. Celui-ci doit être suspendu sur le panneau arrière. Attention : veillez à ce qu'il soit facile d'accès pour l'entretien.

9 Suspendez le filtre à lit fluidifié à l'extérieur du panneau arrière et branchez dessus le tuyau qui le relie à la pompe. Attention : le cylindre contenant le sable doit être parfaitement vertical.

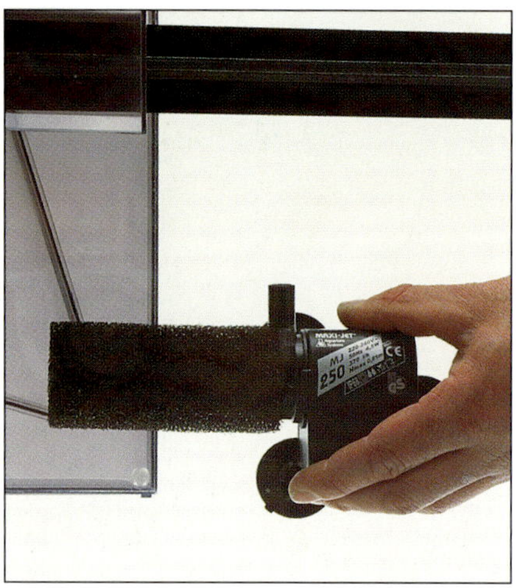

8 Cet aquarium est muni d'un filtre à lit fluidifié pour la filtration biologique. Celui-ci fonctionne à partir d'une petite pompe à eau submersible que l'on fixe par des ventouses sur le panneau arrière, à l'intérieur de l'aquarium.

10 *Voilà à quoi ressemble l'aquarium une fois les équipements de filtration et de chauffage installés.*

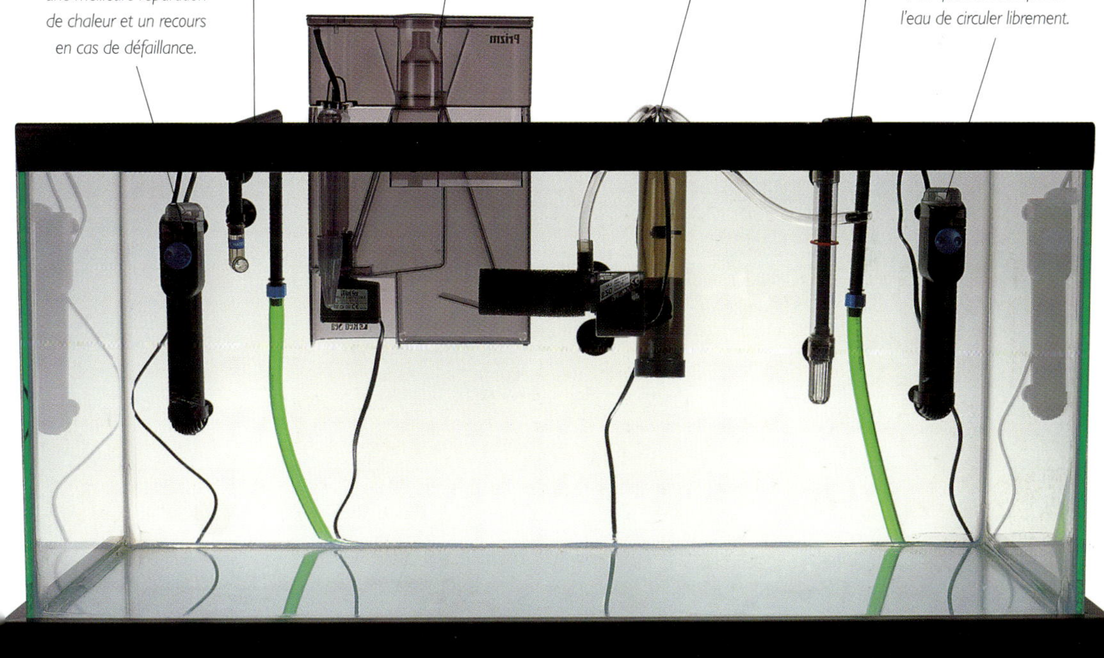

La mise en place des pierres vivantes et du substrat

Lorsque vous aurez à portée de main un volume suffisant d'eau salée d'ores et déjà portée à maturation qui soit à la bonne température, à la densité appropriée et d'un pH de 8,3, vous pourrez introduire les pierres vivantes et procéder à la mise en eau immédiatement après avoir disposé les pierres et le substrat. Si vous utilisez une eau que vous venez juste de reconstituer, attendez que l'aquarium soit totalement opérationnel avant d'introduire les pierres vivantes pour ne pas nuire aux organismes qu'elles abritent.

Nous avons choisi pour cet aquarium un substrat de sable de corail sur 2,5 cm de profondeur, ce qui équivaut à environ 4,5 kg pour 900 cm^2. Un substrat plus profond présenterait le risque d'un milieu anaérobie dans les couches inférieures.

Il vous faudra certainement nettoyer le substrat avant usage, ce qu'il est préférable de faire avant de procéder aux premières phases de l'installation. Lavez le substrat par petites quantités dans une épuisette à mailles fines. Placez l'épuisette au-dessus d'un seau et rincez sous l'eau du robinet ou à l'aide d'un tuyau jusqu'à ce que tous les détritus présents dans le sable soient évacués. Prenez garde que ces derniers ne bouchent votre évier. Quand le sable vous semble propre, étalez-le dans le fond du bac et autour de l'habitat de sorte que les pierres aient l'air de sortir du substrat.

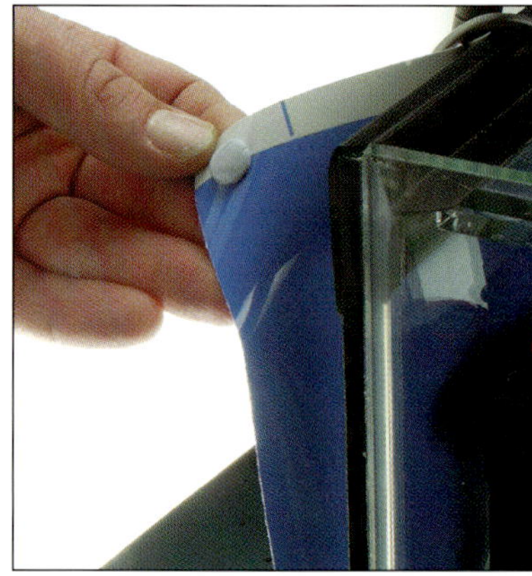

11 *Fixez le fond sur le panneau arrière extérieur afin de cacher l'équipement. La couleur des poissons et des invertébrés ressortira mieux sur un fond bleu, mais le noir rend aussi très bien dans un aquarium tropical décoratif.*

12 *Introduisez les premières pierres vivantes directement sur le fond et disposez-les soigneusement afin que le décor soit stable. Nous n'avons sélectionné ici que des pierres vivantes de très bonne qualité et avons choisi de ne pas intégrer d'autres pierres ou éléments de décor.*

13 Arrangez l'habitat de façon à créer des refuges pour ses occupants et à cacher les équipements intérieurs. Prévoyez cependant un vaste espace de nage pour les poissons qui en ont besoin. Attention : ne laissez jamais les pierres sécher.

14 Le meilleur substrat pour cet aquarium est un sable de corail. Répartissez-le dans le fond et contre les pierres pour donner l'impression que l'habitat sort du sable.

La mise en eau de l'aquarium

Si vous avez déjà mélangé l'eau dans un autre récipient ou un aquarium de réserve, il ne vous reste plus qu'à la verser soigneusement dans le bac. Mieux vaut la verser sur une pierre ou dans un récipient posé sur le substrat pour éviter de déplacer le sable. Vous pouvez maintenant brancher les pompes du filtre à lit fluidifié et du filtre à protéines et les mettre en marche pour remplir les différents compartiments et commencer à faire circuler l'eau. Procédez en suivant attentivement les instructions du fabricant. Le niveau d'eau de l'aquarium va vraisemblablement baisser et il vous faudra ajouter un peu d'eau. Branchez maintenant le filtre à moteur externe et les chauffe-eau.

Si vous ne disposez pas d'eau à maturation, il faudra préparer un nouveau mélange avant la procédure d'installation. Lorsque vous reconstituez l'eau, la température normale de fonctionnement de l'aquarium doit être de 24 °C, température à laquelle la dissolution des sels sera plus rapide. Un thermomètre à ventouse, plaqué à l'extérieur du récipient dans lequel vous faites le mélange, vous donnera une idée de la température, mais il est préférable d'utiliser un thermomètre gradué placé dans l'eau. Lorsque vous serez certain que les sels sont parfaitement dissous, mesurez la densité de l'eau à l'aide du densimètre. Si elle est trop basse, rajoutez des sels jusqu'à ce qu'elle soit comprise entre 1,022 et 1,023.

N'oubliez pas : une fois que l'aquarium est opérationnel et qu'il est habité, vous ne devez jamais mélanger le sel directement dans le réservoir, mais procéder au mélange dans un récipient indépendant.

Quand toutes les conditions requises sont remplies et que tout est prêt, transvasez l'eau dans l'aquarium et branchez les systèmes de filtration et de chauffage.

À gauche : *Mélangez toujours les sels marins avec l'eau dans un récipient non métallique, l'idéal étant un seau en plastique de ménage. Attention : optez pour des mélanges de sel sans nitrates et sans phosphate.*

Prévoyez un seau en plastique qui servira exclusivement à l'aquarium.

Les techniques de mélange

Les mélanges salés modernes sont le résultat de longues recherches et contiennent dans des proportions précises tout ce qu'il faut pour reproduire l'eau de mer. Utilisez un chauffe-eau de rechange dans le récipient réservé au mélange pour que ce dernier soit à la bonne température avant de mesurer sa densité. Laissez le mélange s'oxygéner pendant 24 heures avant usage.

15 Du fait de la présence de pierres vivantes dans cet habitat, il est très important d'utiliser de l'eau salée arrivée à maturation, c'est-à-dire de l'eau provenant d'un aquarium déjà établi. L'usage d'un nouveau mélange pourrait nuire aux minuscules invertébrés déjà vivants dans la roche. Versez l'eau doucement sur les pierres pour éviter le déplacement du substrat. Maintenez les pierres vivantes parfaitement humides jusqu'à leur introduction dans le bac.

16 Fixez le cadran du thermomètre numérique sur la vitre extérieure et plongez la sonde dans l'eau, de préférence à l'écart des chauffe-eau.

Mise en place des lampes et maturation de l'aquarium

Le couvercle doit pouvoir accueillir deux tubes fluorescents blancs de 10 000 °K et un tube bleu actinique 03. Il doit aussi être muni de languettes prédécoupées pour guider les gaines, les tuyaux et les câbles. L'idéal est un couvercle en bois recouvert de plastique ou peint de plusieurs couches de vernis polyuréthanne. Placez tout ce qui commande l'allumage à l'abri de l'eau et des éclaboussures.

Il est préférable de brancher les câbles d'alimentation des tubes dans un boîtier de raccordement ou sur une prise multiple avec les pompes et les chauffe-eau de sorte qu'il n'y ait qu'un seul câble branché sur la prise de courant.

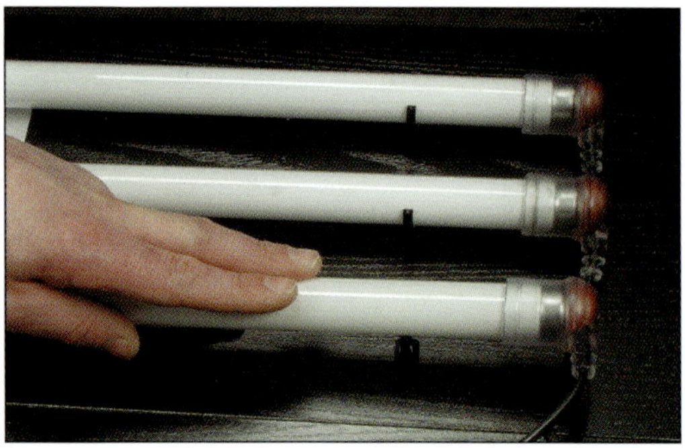

17 Placez les tubes dans le couvercle (bleu au dos) de sorte qu'ils offrent la meilleure couverture d'éclairage dans l'aquarium. Écartez-les bien les uns des autres pour assurer une bonne circulation d'air qui empêchera toute surchauffe.

La maturation des filtres

Bien qu'il n'y ait pas encore d'animaux dans le bac, laissez les lampes allumées pour une photopériode normale, c'est-à-dire 12 heures, ce qui aidera au processus de maturation indispensable une fois que les pierres vivantes ont été introduites.

Il est crucial de ne pas introduire d'autres animaux dans l'aquarium tant que les filtres ne sont pas à maturation. Ce qui signifie que vous devez attendre qu'il y ait une population suffisamment importante de bactéries nitrifiantes capable de transformer l'ammoniac en nitrites. Les pierres vivantes abritant peut-être déjà des organismes vivants, il est possible que ce processus soit plus rapide que dans les autres cas. Relevez tous les jours les taux d'ammoniac et de nitrites jusqu'à ce que ces deux valeurs soient égales à zéro. Il est probable que vous ne verrez plus aucune preuve de la présence d'ammoniac ou de nitrites sur le moment, mais cela ne veut pas dire que vous en êtes débarrassé, les taux vont remonter, à commencer par celui de l'ammoniac. Soyez patient et n'introduisez les poissons que lorsque le taux sera égal à zéro pendant plusieurs jours d'affilée. Quand vous serez sûr que tout va bien, procédez au changement partiel de 20 à 25 % de l'eau salée pour abaisser les taux de nitrates qui pourraient remonter.

Deux tubes fluorescents au triphosphore

Un tube bleu actinique 03

18 Dans le cas de tubes fluorescents, veillez à les fixer correctement à l'aide de clips spécialement conçus à cet effet. N'utilisez pas de clips en métal.

La période de maturation de l'aquarium

Il est très important de comprendre comment les niveaux des substances nitrogènes baissent et augmentent pendant les premières semaines.

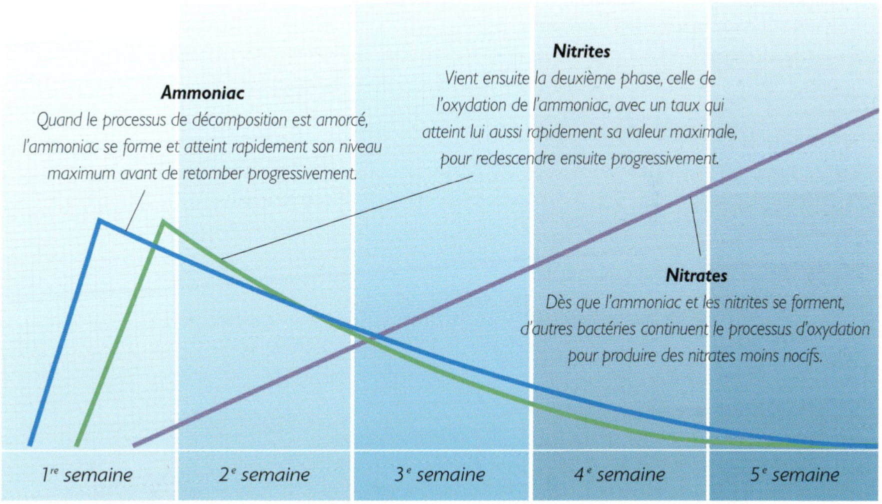

Contrôlez la qualité de l'eau et n'introduisez aucun poisson tant que les taux d'ammoniac et de nitrites ne se sont pas stabilisés au niveau zéro pendant plusieurs jours d'affilée.

19 Branchez les systèmes de chauffage et de filtration sur l'électricité et mettez-les en marche. Introduisez une équipe de nettoyage, constituée de bernard-l'ermite et/ou d'escargots pour limiter la prolifération d'algues pendant la photopériode de 12 heures avant l'introduction des poissons.

À ce stade, votre patience garantira un bon départ à votre aquarium.

Choix des poissons et des invertébrés

Plusieurs facteurs doivent être pris en compte dans le choix des occupants de l'aquarium : leur compatibilité avec leurs congénères et les autres espèces, leur régime alimentaire, leur tolérance à la captivité, leur aspect et, enfin, leur coût. C'est pourquoi il est très important de s'enquérir avec soin de toutes les espèces que l'on souhaite accueillir.

Des animaux en bonne santé

Observez attentivement les poissons et les invertébrés avant leur achat. Ils doivent être éveillés et ne présenter aucun dommage. Bannissez les poissons trop maigres ou ceux qui ont un estomac pincé, qui ont souvent du mal à se remettre. Les aquariophiles d'eau douce ont l'habitude de voir des poissons en bonne santé nager avec les nageoires bien dressées, mais la plupart des poissons d'eau de mer gardent leurs nageoires couchées, ce qui n'est pas nécessairement un signe de mauvaise condition physique. Dans le cas des invertébrés, il est encore plus difficile de dire s'ils sont en forme ou non. Quant aux coraux (de préférence fixés sur une pierre), aux anémones et autres polypes, inspectez les tissus et veillez à ce qu'ils ne soient pas endommagés, voire en train de pourrir. Ceci vaut aussi pour les éponges, mais dans le cas des crustacés et des étoiles de mer, il faudra surtout s'assurer que les membres sont intacts. Les oursins devront quant à eux posséder toutes leurs épines. En règle générale, il est préférable d'éviter les invertébrés qui semblent exsuder une substance s'apparentant au mucus, à moins d'être certain que cela soit une caractéristique de l'espèce en question.

Les poissons stressés produisent souvent un mucus qui prend l'apparence de taches blanches calcaires. Évitez de tels individus, même si vous êtes tenté de les transférer dans votre aquarium en vous disant que leurs conditions de vie seront bien meilleures.

À gauche : *Devant le nombre de poissons proposé dans les magasins d'aquariophilie, mieux vaut savoir ce que l'on cherche pour n'acquérir que des spécimens en bonne santé. N'achetez pas un poisson uniquement parce que vous le trouvez beau. Il n'est peut-être pas compatible avec son voisin.*

Beaucoup d'invertébrés et de poissons tropicaux d'eau de mer arborent des couleurs vives. Assurez-vous que leur coloration est la bonne et évitez les spécimens à la robe terne ou aux traits mal définis. Des yeux troubles ou gonflés, des ulcérations et une nage erratique ou instable sont mauvais signe. Traquez en particulier tout signe d'égratignure ou de respiration anormalement forte, qui témoigne généralement d'une infection parasitaire ou d'autres maladies ainsi que de la toxicité de l'eau.

Certaines espèces, notamment celles capturées directement dans la nature, ont parfois besoin de temps pour commencer à se nourrir en captivité. Il est donc préférable de demander si vous pouvez les observer en train de manger avant de les acheter. La plupart des vendeurs ne verront pas d'objection à votre requête. L'un des problèmes est le risque que le poisson régurgite la nourriture, ou qu'il défèque pendant son transfert, provoquant une hausse de l'ammoniac. Lorsque vous aurez vu le poisson se nourrir, mieux vaut le laisser en dépôt et revenir le chercher le lendemain. On comprend ici pourquoi il est essentiel d'entretenir de bonnes relations et une confiance mutuelle avec son vendeur.

Le choix de ses poissons et invertébrés au même endroit sera la garantie d'une qualité suivie tant au niveau des occupants de l'aquarium que du service. En vous procurant des spécimens dans des magasins différents, vous aurez plus de mal à retrouver l'origine des problèmes éventuels, vous ne serez pas en mesure de prévenir la personne concernée, et encore moins de savoir à qui incombe la responsabilité du problème.

Le transport jusqu'à la maison

Maintenant que vous avez acquis vos spécimens, l'heure est venue pour la dernière étape entre leur habitat naturel et l'aquarium. Le moyen le plus efficace et le plus répandu de transporter les poissons et les invertébrés est un sac plastique empli pour un tiers avec de l'eau de l'aquarium et pour deux tiers avec de l'air. Si le voyage est long, parlez-en à votre vendeur qui remplacera l'air par de l'oxygène. S'il fait trop froid ou trop chaud, prévoyez l'achat d'une boîte isolante en polystyrène pour le transport.

Pendant le transfert, ne soumettez jamais vos poissons à une lumière vive, laissez-les au calme et dans l'obscurité. Enveloppez le sac plastique de papier ou mettez-le dans un autre sac en papier ou une boîte de couleur sombre. Épargnez-leur également les mouvements brusques et les vibrations. Si vous êtes en voiture, posez le récipient sur un coussin ou tout autre support qui puisse amortir les vibrations du moteur ou les cahots de la chaussée.

Ci-dessus : *Une fois les poissons sortis de l'aquarium du magasin et transférés dans le sac plastique, on place généralement ce dernier dans un sac en papier. L'obscurité a tendance à calmer les poissons et à leur éviter tout stress inutile pendant le transport.*

L'introduction des poissons

Maintenez les nouveaux venus dans une semi-obscurité pendant tout le processus d'introduction. Sortez les sacs et laissez-les flotter dans l'aquarium, sans les ouvrir, pendant une quinzaine de minutes afin d'annuler les différences de température. Dans le cas d'un transfert prolongé, il est probable que le pH de l'eau des sacs aura baissé. Les variations brutales de pH étant dangereuses pour les animaux marins, il faut mélanger progressivement l'eau du transport à celle de l'aquarium jusqu'à ce que les valeurs de pH soient identiques. Ouvrez les sacs et laissez entrer l'eau de mer par petites quantités jusqu'à ce que le sac soit plein, en prenant garde qu'il ne coule pas, puis reversez deux tiers de l'eau du sac dans le bac et recommencez. Quand vous aurez rempli le sac une deuxième fois, vous constaterez que le pH, la densité et la température sont les mêmes. Analysez cependant l'eau à plusieurs reprises pour vous en assurer avant de libérer les poissons.

Pour épargner un stress supplémentaire aux poissons et aux invertébrés, il faudra veiller à ce que le temps d'acclimatation réponde effectivement à leurs besoins. Une écoute attentive de leur respiration vous indiquera à quel point ils sont stressés, ce qu'il est plus difficile d'évaluer avec les invertébrés.

Les pierres vivantes abritant des organismes vivants, il faudra les acclimater à l'aquarium de la même façon que les poissons et les invertébrés. Cela vaut aussi pour les algues.

La mise en quarantaine des nouveaux venus

Si vous avez des doutes sur la bonne santé de vos animaux, nous vous conseillons de les mettre en quarantaine dans un bac réservé à cet effet avant leur introduction dans l'aquarium. Maintenez toujours le bac de réserve dans des conditions physico-chimiques similaires à celles de l'aquarium. Quoi qu'il en soit, vous aurez beau prendre les meilleures précautions, il est évident que le transfert supplémentaire d'un milieu à un autre sera une nouvelle source de stress pour vos pensionnaires. Ce peut être le cas d'une quarantaine, à la suite de quoi il faudra acclimater les animaux quand vous procéderez au transfert. En manipulant soigneusement vos nouveaux venus en bonne santé, vous éviterez à beaucoup la nécessité d'une mise en quarantaine.

Ci-dessus : *Harmonisez l'eau du transport avec celle du bac en laissant flotter les sacs fermés dans l'aquarium, de préférence lampes éteintes, afin que les poissons et invertébrés restent calmes pendant le transfert.*

À gauche : *Quand les sacs ont flotté en surface une quinzaine de minutes, vous pouvez les ouvrir et mélangez progressivement l'eau de l'aquarium à leur eau comme indiqué page ci-contre. Vous annulerez ainsi les différences de pH, de salinité, et ajusterez au mieux la température avant d'introduire les poissons.*

Les premiers jours

Quand les animaux ont été introduits avec succès dans l'aquarium, laissez-les évoluer pendant une heure, lampes éteintes, mais pas dans une obscurité totale. Vous pourrez ensuite allumer les lampes, en procédant en plusieurs étapes. Nous vous conseillons également de leur offrir une toute petite quantité de nourriture. Pour certains d'entre eux, le fait de manger dans un nouvel environnement sera ce qu'on appelle une activité de distraction. De plus, le fait de savoir qu'il y a toujours de la nourriture les aide à se calmer. Bien entendu, la présence de pierres vivantes saines fournira de nombreux éléments nutritifs sous la forme d'algues et de micro-organismes. Il est possible cependant que les poissons ne se nourrissent pas pendant plusieurs jours, le temps qu'ils s'établissent, ce qui, dans la plupart des cas, ne pose pas de problèmes, à l'exception notable des poissons-chirurgiens et des hippocampes qui doivent pour ainsi dire manger en permanence.

Que ce soit dans un aquarium que vous venez d'aménager ou dans un bac établi, n'introduisez qu'un poisson à la fois pour éviter de saturer les capacités de filtration biologique. La population bactérienne compensera petit à petit la surcharge et vous pourrez introduire le locataire suivant. Dans le cas des coraux et des invertébrés, pensez qu'un groupe de polypes sur une pierre équivaut à un poisson de taille raisonnable. En fait, on peut introduire les invertébrés par deux à une semaine d'intervalle.

Enfin, mieux vaut ne pas oublier qu'il est préférable d'introduire en dernier les poissons au comportement notoirement belliqueux ou territorial. Si vous les installez plus tôt, ils risquent d'être sans merci pour les nouveaux venus.

L'introduction des invertébrés

On suivra les mêmes conseils appliqués aux poissons pour l'introduction des invertébrés parmi lesquels les anémones de mer, les crabes, les crevettes et les bouquets, les vers tubicoles, les sabelles, les étoiles de mer, les bêches-de-mer, les limaces de mer et les oursins. L'élevage des invertébrés demande quelques connaissances : la plupart sont sédentaires et ne se déplacent guère de leurs coraux ou de leurs refuges dans les pierres. En ce qui concerne les espèces se nourrissant par filtration, l'alimentation est parfois une affaire collective, mais il faudra nourrir les anémones de mer à la main, en plaçant les aliments entre leurs tentacules avec une pince à épiler.

Les invertébrés se reproduiront dans l'aquarium. Les anémones de mer par exemple se reproduisent tout simplement par division, ou expulsent de jeunes rejetons pour se multiplier. Les bernard-l'ermite sont fascinants à observer lorsqu'ils se mettent en chasse d'un logement plus grand. L'activité ne s'arrête jamais dans l'aquarium, même la nuit. De nombreuses espèces de coraux mous et animaux similaires émettent des petits points lumineux dans le noir.

Ci-dessus : *Évitez de placer les coraux et les anémones de mer trop près les uns des autres, et ne touchez jamais à leur tissu vivant quand vous les manipulez, vous pourriez provoquer de sérieux dégâts.*

À gauche : *Pierres vivantes, algues et coraux : tous subissent le même traitement. Prenez garde à ne pas abîmer les invertébrés en les installant dans votre habitat et assurez-vous qu'ils soient bien stables sur les pierres afin que les autres occupants de l'aquarium ne puissent les déloger facilement.*

Ci-dessus : *Un couple de crevettes nettoyeuses. Les invertébrés, quels qu'ils soient, réclament autant d'attention que les poissons lorsqu'on les introduit dans l'aquarium.*

L'aquarium aménagé

Un aquarium aménagé, avec ses premiers occupants. Introduisez les poissons et invertébrés un par un, à moins qu'ils soient assez petits pour les introduire par deux. À vous de faire preuve de bon sens ! Contrôlez toujours la qualité de l'eau avant d'introduire de nouvelles espèces pour éviter de saturer les filtres et, par voie de conséquence, de stresser les animaux.

Outre le rôle important qu'il joue dans le maintien de la qualité de l'eau, l'habitat de pierres vivantes fait vivre sa propre communauté d'organismes vivants. De plus, il constitue un refuge pour les autres occupants de l'aquarium et une base pour ajouter des coraux vivants, des anémones de mer et autres créatures sessiles.

Le poisson-chirurgien jaune est un poisson rustique idéal pour ce type d'aménagement.

La compatibilité des espèces

Il est essentiel de connaître la compatibilité des poissons et des invertébrés que vous souhaitez accueillir dans le même aquarium. La nature semble parfois cruelle quand on pense aux grands prédateurs qui se nourrissent de plus petits, lesquels à leur tour vont se régaler d'un poisson ou d'un invertébré encore plus petit. On a même vu certains invertébrés dévorer des poissons. Malheureusement, les occupants potentiels ne sont pas plus dociles dans l'aquarium où il leur est pourtant plus facile de se nourrir, et les tendances de la chaîne alimentaire se perpétuent.

Si vous n'êtes pas certain du mode de vie habituel d'une espèce, partez du principe que si un poisson est plus gros que les autres et qu'il a une grande bouche, il y a de grands risques qu'il dévore les plus petits que lui. Les mérous, les rascasses, les baudroies et les murènes font partie de cette catégorie. De la même façon, les invertébrés à grandes pinces sont susceptibles de causer de sérieux dégâts ; quant aux anémones et à leurs puissantes cellules urticantes, il leur est facile d'attraper les petits poissons lents et faibles comme les hippocampes.

Chez certains, la menace est moins évidente. C'est le cas des chétodons qui mangent les cellules urticantes des anémones, ou des poissons-limes qui ont tendance à manger les yeux des espèces moins robustes, ou bien encore des balistes dont les mâchoires sont conçues pour avaler les oursins et leurs piquants. Il faudra aussi prendre en considération que lorsqu'un poisson vit naturellement en banc et qu'il se retrouve seul, il peut modifier sa tactique de défense en devenant territorial et agressif parce qu'il ne peut plus compter sur la sécurité qu'apporte le groupe. La meilleure stratégie contre la prédation dans l'aquarium est de se documenter sur les modes de vie des animaux qui vous intéressent avant de les acheter.

Pour éviter d'autres types d'agressions, on pourra aussi apprendre comment distinguer les sexes. Dans le cas des demoiselles, par exemple, les mâles qui auront établi leur nid le défendront violemment contre leurs congénères et les autres espèces qui s'approcheront de trop près, alors que les femelles seront heureuses de partager la même colonne d'eau. Les mâles demoiselles arborent souvent des nageoires colorées, tandis que celles des femelles sont transparentes.

Les coraux, les anémones et les algues marines

L'importation des coraux durs vivants (ou coraux pierreux), autrement dit ceux qui bâtissent les récifs de corail, est réglementée par la CITES ou Convention de Washington, mais on pourra demander une autorisation d'importation. Il en va de même pour les bénitiers géants (ssp. *Tridacna*) contrairement aux coraux mous, aux anémones et autres polypes. Dans la mesure où il existe désormais des fermes de corail reproduisant le corail en gros, il sera préférable d'acheter des coraux provenant de ces exploitations. De nombreux magasins d'aquariophilie se sont également lancés dans la reproduction de coraux, et les bourses d'échanges avec les passionnés sont monnaie courante. Enfin, on pourra aussi opter pour de faux coraux moulés dans la résine (voir page 45).

L'introduction de coraux et d'animaux similaires dans l'aquarium d'eau de mer n'est plus aussi difficile qu'il y a quelques années. Quoi qu'il en soit, les coraux pierreux sont encore réservés aux amateurs chevronnés et nous conseillons aux débutants de commencer avec des polypes, plus robustes. N'oubliez pas que certains poissons se nourrissent de coraux et d'autres invertébrés, même ceux des pierres vivantes, mieux vaut donc réfléchir à deux fois aux espèces que vous souhaitez faire cohabiter.

Les algues marines

La diversité d'algues que l'on peut trouver sur un récif est énorme. Outre les macro-algues les plus reconnaissables, qui poussent sur un substrat ou un autre, on signalera aussi les zooxanthellae, algues microscopiques qui vivent dans les tissus coralliens, notamment ceux des coraux durs, et des bénitiers géants. À cause de ces algues, les coraux ne peuvent survivre que dans les endroits fortement éclairés car, comme les autres plantes, les zooxanthellae ont besoin de lumière pour la photosynthèse.

En introduisant des macro-algues dans un aquarium récifal, vous apporterez l'élément végétal dont manquent la plupart des aquariophiles qui ont troqué leur aquarium d'eau douce pour un aquarium d'eau de mer. Les macro-algues s'avèrent aussi très utiles pour certains poissons marins brouteurs comme les poissons-chirurgiens herbivores. Les algues tirent l'essentiel de leur nourriture des déchets résiduels flottant dans l'eau de l'aquarium, mais c'est à vous de leur apporter des oligoéléments, des engrais et peut-être même du gaz carbonique, l'élément nutritif le plus important pour les végétaux. Une végétation luxuriante présente cependant un inconvénient, car en cas d'accident, les algues, en flétrissant, risquent de libérer une forte quantité de toxines dans l'eau du bac. Pour écarter ce risque, récoltez-les régulièrement. Il faut savoir que les macro-algues, notamment les espèces du genre *Caulerpa*, deviennent rapidement envahissantes ; leur croissance quotidienne est impressionnante quand elles poussent dans de bonnes conditions.

Ci-dessus : *Les* Caulerpa *se déclinent sous de nombreuses formes feuillues. On reconnaît cependant* Caulerpa racemosa *sur le champ grâce à ces grappes évoquant le raisin.* C. racemosa *est une espèce séduisante, à croissance lente.*

À gauche : *Quand les polypes généralement sortis de ce corail cuir se rétractent, on ne voit plus que leurs doigts à la texture de cuir. Les amateurs ont le choix entre de nombreuses formes de ces coraux qui prospéreront dans un bac bien éclairé.*

Ci-dessus : *Semblables au corail champignon, les polypes du corail* Sinularia *se déploient sur des lobes séparés plutôt que sur un seul plateau ondoyant.*

À gauche : *Les grandes anémones comme l'anémone tapis géante* Stichodactyla gigantea *ont besoin d'une lumière intense pour atteindre de telles proportions dans un aquarium marin.*

L'aquarium de récif

Pour la plupart des aquariophiles, le nec plus ultra en matière d'aquarium est l'aquarium de type récifal peuplé en abondance de coraux et de macro-algues. Ce type d'aquarium contient généralement très peu de poissons, la priorité étant donnée aux invertébrés. L'idéal est de le décorer de pierres vivantes placées sur un fond en tuf, mais on pourra aussi fixer des plateaux en verre avec du silicone, sur lesquels poser les pierres vivantes. L'autre avantage avec cette méthode est que l'espace de nage, si précieux, ne sera pas modifié par le tuf ou les roches océaniques.

Assurez-vous que les pierres vivantes que vous achetez ont été correctement traitées avant de les introduire dans un aquarium établi, car des pierres non traitées libéreraient de grandes quantités d'ammoniac toxique. Une fois établies, ces pierres accueilleront nombres d'algues décoratives, de coraux et d'éponges. Il est préférable d'éclairer les aquariums récifaux avec des lampes halogènes pour apporter l'intensité lumineuse et les longueurs d'ondes indispensables aux zooxanthellae elles-mêmes nécessaires à la croissance de nombreux coraux et autres invertébrés (voir page 39).

La qualité de l'eau de l'aquarium de récif doit être optimale, et l'on peut s'estimer heureux qu'une fois établies, les pierres vivantes soient capables de réduire les nitrates dans l'aquarium. Non seulement les coraux durs exigent un bon éclairage et une bonne qualité de l'eau, mais un débit soutenu, assuré par des pompes de dimensions adaptées, leur sera aussi extrêmement profitable. Ces dernières ont par ailleurs l'avantage de lessiver les détritus en surface des coraux et d'empêcher leur décomposition.

À droite : *Un aquarium de récif bien aménagé doit permettre à chacun de ses habitants d'établir son territoire, autrement dit offrir d'innombrables refuges.*

À gauche : *Dans un aquarium récifal moderne, on s'attachera le plus souvent aux coraux plutôt qu'aux poissons.*

Étant donné l'équipement requis pour entretenir un aquarium de récif, mieux vaut opter pour une cuve de décantation et loger le filtre à protéines, les chauffe-eau, les filtres et autres pompes de recyclage de l'eau à l'extérieur de l'aquarium. Les seuls éléments à garder à l'intérieur sont les pompes générant des courants puissants que l'on pourra cacher facilement dans les pierres.

Les aquariums de récif d'une capacité inférieure à 450 litres sont à déconseiller, surtout aux moins expérimentés, car les paramètres de qualité de l'eau qu'exigent les coraux durs sont extrêmement difficiles à maintenir dans un petit bac.

L'alimentation des poissons d'eau de mer

La meilleure alimentation des animaux en captivité devant être basée sur les aliments dont ils jouissent dans leur habitat naturel, on ne s'étonnera pas que, pour la plupart des poissons d'eau de mer, la meilleure nourriture soit… du poisson ! Les poissons herbivores font cependant exception ainsi que ceux avec une toute petite bouche qui se nourrissent d'animaux microscopiques comme le plancton.

La forme de la tête de l'animal ou du museau est un bon indice de la façon dont il se nourrit. Les chétodons, par exemple, ont un museau allongé, parfait pour déloger les aliments dans les crevasses des récifs de corail. Les poissons-perroquets ont des dents robustes bien soudées qui leur permettent de mordiller le corail à la recherche de leur repas. Quant aux redoutables mâchoires des mérous et des rascasses, elles sont à l'évidence conçues pour de copieux repas. Les blennies et les gobies ont une bouche terminale, autrement dit située tout au bout de la tête, et leur ventre plat les rapproche encore du substrat riche en aliments.

À chacun son régime alimentaire

Indépendamment du type d'aliments, il faut aussi savoir quand et à quelle fréquence nourrir les poissons. Là encore, l'aquariophile apprendra beaucoup en observant la nature. Les prédateurs à grande bouche commenceront par se gaver avant de jeûner pendant quelques heures.

Les aliments congelés

Coques entières
Tous les poissons marins consomment cet aliment naturel.

Mélange de la mer
Ce mélange est constitué de divers invertébrés et de chair de poissons d'eau de mer.

Krill
Très nourrissant pour les gros poissons, cassez-le en morceaux pour les espèces plus petites.

Poissons
Les gros poissons ne feront qu'une bouchée de ces petits poissons.

Crevettes
Un grand nombre d'aliments capturés dans la nature sont irradiés afin de détruire les agents pathogènes dont ils pourraient être porteurs.

Ci-dessus : *Les aliments congelés sont vendus par tablettes que l'on casse selon les besoins, ou en portions individuelles. Pensez à les décongeler à l'avance pour que vos poissons ne mangent pas de la glace.*

Les herbivores qui broutent les plantes seront très actifs tant qu'ils auront de la lumière. Cependant la majorité des poissons se contentent d'un ou deux repas par jour. Ne négligez pas les espèces nocturnes et répondez à leurs besoins. Il faudra attendre un petit moment après l'extinction des feux pour les nourrir.

Tout compte fait, l'aquariophile sera sage de sous-alimenter ses protégés plutôt que de les nourrir dès que l'un d'entre eux signifie qu'il a faim par son comportement derrière la vitre. Il est facile de savoir si l'on a administré la bonne quantité d'aliments : le poisson consommera tout en quelques minutes et ne laissera pas le moindre résidu qui polluerait l'eau.

Nourrir les autres animaux marins de l'aquarium nécessite quelques techniques spéciales. Pour les invertébrés se nourrissant par filtration dans un aquarium récifal, par exemple, il sera préférable d'éteindre les filtres quelques instants de sorte que l'action du filtre n'aspire pas les aliments avant que les invertébrés les aient ingérés.

Faciles ou difficiles à nourrir ?

Groupe	*Facile*	*Assez facile une fois nourris*	*Difficile*	*Difficile : aliments vivants*
Poissons-anges		●	●	
Achigans	●			
Blennies	●	●		
Chétodons	●	●	●	●
Apogons		●		
Poissons-chats	●			
Poissons-clowns	●	●		
Demoiselles	●			
Anguilles	●			
Poissons-limes			●	
Gobies	●			
Opistognathes		●		
Rascasses		●		●
Hippocampes			●	●
Poissons-écureuils		●		●
Poissons-chirurgiens	●			
Serrans	●			
Balistes		●		
Labres	●			

L'alimentation des groupes pour lesquels il y a plusieurs entrées dans ce tableau dépend des espèces.

L'alimentation des poissons d'eau de mer

Tous les aliments destinés aux poissons d'eau de mer doivent avoir été traités d'une façon ou d'une autre, à moins que l'on puisse précisément contrôler leur origine, dans la mesure où l'on risque d'introduire des agents pathogènes indésirables dans l'aquarium avec des aliments vivants. Certains pensent qu'en offrant du poisson vivant comme les poissons rouges aux espèces de plus grande taille, on incite ces dernières à se conduire en prédateurs envers les occupants plus petits de l'aquarium.

Sachant que le régime alimentaire idéal doit être à base de poissons, vous trouverez toutes sortes d'aliments congelés à base de poissons et de crustacées dans votre magasin d'aquariophilie. Ces aliments auront vraisemblablement été traités aux rayons gamma pour prévenir l'introduction de maladies. On a parfois aussi recours à la lyophilisation pour protéger les animaux aquatiques, et ces produits sont faciles à trouver dans le commerce.

Les nombreuses recherches menées par les fabricants de nourriture pour poissons les ont conduit à développer toute une gamme de recettes pour les spécimens d'eau de mer, sous des formes variées : flocons, pastilles, granulés ou encore bâtonnets. Si ces aliments vous semblent d'un coût élevé, vous n'en ferez pas moins de fausses économies en les achetant en grande quantité, surtout si vous n'avez qu'un seul aquarium. Une fois le paquet ouvert, la qualité des aliments et leur teneur en vitamines se dégraderont progressivement, privant vos poissons de tous les bienfaits dont les fabricants ont doté leurs produits.

L'alimentation des poissons d'eau de mer herbivores

Nourrir les espèces herbivores n'est pas aussi difficile que vous le pensez. Si l'intensité lumineuse est suffisante, les algues ne tarderont pas à proliférer sur les parois de l'aquarium et les éléments du décor, et les espèces herbivores se feront un plaisir de brouter cette verdure. On peut aussi cultiver des algues sur pierres dans un autre bac exposé en situation lumineuse dans lequel on aura recyclé l'eau de l'aquarium principal après un changement d'eau partiel. Transférez les pierres vertes à tour de rôle à la place des pierres dont les algues auront été broutées et remettez ces dernières dans le bac de culture. Vous serez ainsi régulièrement approvisionné en verdure pour tous ceux qui en ont besoin.

Vous pourrez varier la nourriture végétale par un apport de petits pois, d'épinards et de feuilles de laitue blanchies ou légèrement meurtries. Coincez les feuilles entre les pinces d'un grattoir à algues aimanté pour éviter qu'elles ne flottent au gré des courants.

À droite : *Cet éléotris décoré* (Nemateleotris decora) *se nourrit en pleine eau et n'a à l'évidence aucun problème pour attraper les aliments en chute libre. On le voit ici en train de happer un morceau de crevette décongelé.*

Flocons et granulés

Parce qu'ils tombent lentement vers le fond, les aliments en flocons sont parfaits pour la plupart des espèces évoluant en pleine eau et près de la surface.

Flocons mélangés

Flocons d'artémias

Granulés
Ces derniers coulent rapidement dans l'eau, pour le plus grand plaisir des espèces de fond.

Pastilles
Excellentes pour adhérer aux parois de l'aquarium.

Ci-dessus : *Pour empêcher les feuilles de verdure d'obstruer l'entrée des filtres, coincez-les dans une pince fixée à une ventouse sur la vitre de l'aquarium.*

Les aliments lyophilisés

Fabriqués à partir d'aliments frais naturels, la plupart des aliments lyophilisés se collent à tous les niveaux sur les vitres de l'aquarium.

Artémias lyophilisées

Crevettes de rivière lyophilisées

Krill lyophilisé

Contrôle et maintenance de l'aquarium

Maintenant que votre aquarium est aménagé et fonctionne, son entretien quotidien ne vous prendra que quelques minutes, lesquelles seront toujours un plaisir.

Les analyses de routine

Vous devrez procéder régulièrement à différents types d'analyse et en premier lieu à l'analyse quotidienne de la température de l'eau et au décompte des occupants de l'aquarium. Recensez vos poissons pendant que vous leur donnez à manger, c'est en général le moment où ils pointent leur museau, bien que certains invertébrés soient plus rétifs. Avec le temps, vous affinerez votre jugement et saurez instinctivement si vos pensionnaires sont seulement absents ou si la situation est plus sérieuse. Retrouvez-les au plus vite et sortez immédiatement les spécimens morts. Si la vieillesse n'est pas la cause de leur disparition, il faut en trouver la raison et prendre des mesures immédiates. Les poissons d'eau de mer et les invertébrés réagissent le plus souvent assez mal aux perturbations et au stress potentiel causés par ces dernières. Dans la mesure du possible, servez-vous de vos yeux au lieu de plonger les mains dans l'aquarium. Certaines espèces savent sauter : pensez à regarder sur le plancher, surtout si l'aquarium n'a pas de couvercle !

Au fur et à mesure de la maturation de l'aquarium, ses occupants retrouveront leurs comportements naturels. Prenez le temps d'observer les activités normales des animaux et vous saurez vite reconnaître les anomalies qui peuvent être l'indice de futurs problèmes.

Dans un aquarium parfaitement établi, il faudra mesurer le pH chaque semaine en veillant à ce qu'il se maintienne dans une fourchette comprise entre 8,1 et 8,3, sans jamais être respectivement inférieur ou supérieur à ces valeurs. Quand il

L'analyse de l'ammoniac, des nitrates et des nitrites

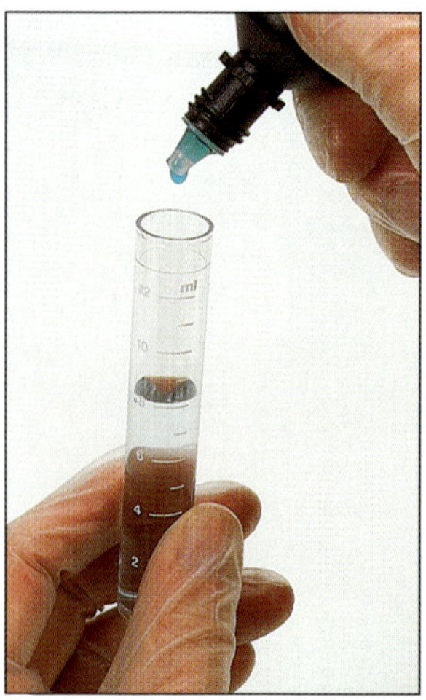

Pour analyser l'eau, on verse des produits chimiques dans un échantillon d'eau et l'on compare la couleur obtenue à une charte colorimétrique. Dans certains cas, on ajoute deux ou trois produits chimiques en procédant par étapes. Respectez la durée indiquée entre chaque apport et portez des gants pour éviter tout risque de réactions cutanées.

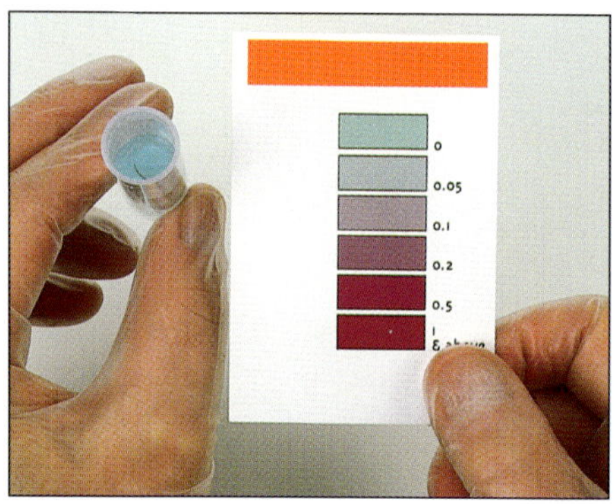

Ci-dessus : *Si la présence de nitrites indique que les bactéries font leur travail dans le processus de transformation de l'ammoniac, comme c'est le cas ici, elles n'en demeurent pas moins toxiques et votre objectif est leur absence pure et simple.*

commence à baisser, ajustez-le en ajoutant des matériaux tampons (voir page 33). Il faudra peut-être aussi procéder à un changement partiel de l'eau, notamment si le pH continue de chuter malgré vos efforts. Parallèlement, l'évacuation hebdomadaire des débris provenant du substrat empêchera une dégradation des qualités physico-chimiques de l'eau et en particulier du pH. La plupart de ces débris étant probablement organiques, leur décomposition libérera du gaz carbonique, ce qui affectera les capacités tampon de l'eau.

Mesurez la densité de l'eau une fois par semaine, ainsi que les taux d'ammoniac et de nitrites une fois tous les quinze jours. Relevez également les taux de nitrate et de phosphate chaque semaine. Les poissons supportent généralement mieux les nitrates que bien des invertébrés, et les aquariophiles marins expérimentés considèrent qu'une valeur de 40 mg/litre constitue une limite supérieure acceptable. Il est cependant préférable de ne pas faire de compromis et d'essayer de maintenir le taux de nitrate sous la barre de 5 mg/litre.

Il importe également de procéder régulièrement à un changement partiel de l'eau, en opérant par petites quantités pour ne pas provoquer un changement brutal du milieu qui perturberait les occupants du bac. Dix pour cent par semaine semble un bon compromis, l'idéal étant de remplacer l'eau tous les jours par toutes petites quantités, même si cela est bien moins pratique. Comme nous l'avons déjà dit, ne faites jamais les nouveaux mélanges d'eau salée directement dans l'aquarium une fois que vous y avez introduit les organismes vivants. Pensez aussi à rétablir le niveau d'eau de temps en temps pour compenser la perte due à l'évaporation. Dans la mesure où seule l'eau s'évapore, laissant les sels en place, il faut la remplacer par de l'eau douce, de la meilleure qualité possible

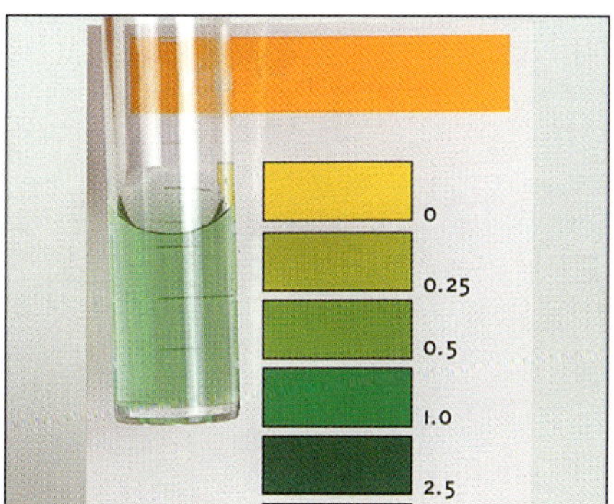

Ci-dessus : *Le taux d'ammoniac doit être égal à zéro. Tant que vous ne vous approcherez pas au plus près de cette valeur, et ceci plusieurs fois de suite, il sera préférable de ne pas introduire de poissons dans l'aquarium. Analysez l'eau régulièrement.*

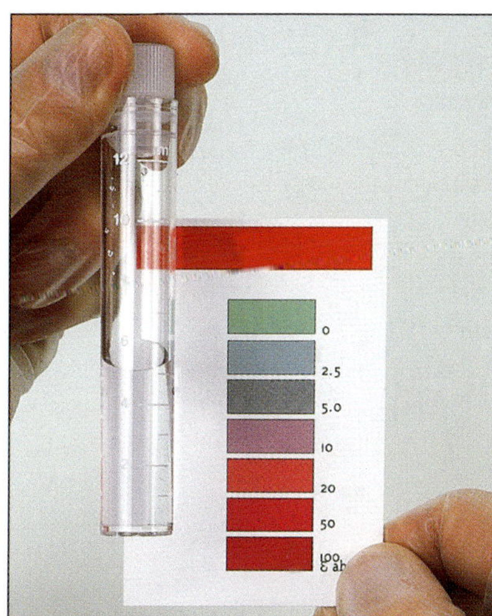

À gauche : *Comme il y a déjà des nitrates dans l'eau du mélange, leur taux risque d'être élevé. Bien que certaines espèces le tolèrent, il ne doit pas dépasser 10 mg/litre. Sur notre photo, le niveau des nitrates est très bas.*

Contrôle et maintenance de l'aquarium

Il arrive parfois que les choses tournent mal. Si un chauffe-eau défectueux entraîne une baisse significative de la température, laissez flotter des bouteilles en plastique remplies d'eau chaude à la surface de l'aquarium, en veillant à ce que le déplacement de l'eau ne provoque pas de débordement. Si vous disposez d'une casserole en émail, faites chauffer une partie de l'eau de l'aquarium et reversez-la progressivement dans le bac, en faisant bien attention. Pendant ce temps, réparez le chauffe-eau ou remplacez-le par un neuf, ce qui est vraisemblablement la meilleure solution.

Il arrive aussi que le thermostat soit coincé en position ON, ce qui provoque une augmentation de la température. Débranchez l'appareil de la prise et aérez la pièce. Puis remplissez des bouteilles en plastique de glace ou d'eau glacée et laissez-les elles aussi flotter dans l'aquarium pour entraîner cette fois une baisse progressive de la température.

En cas de panne d'électricité, le volume d'eau relativement important de l'aquarium peut servir de réserve de chaleur car son refroidissement prendra un certain temps. Vous pourrez ralentir ce processus en entourant l'aquarium d'un matériau isolant au cas où la panne se prolongerait. Si vous disposez d'autres sources d'énergie pour chauffer de l'eau, appliquez la méthode des bouteilles d'eau chaude. Il est absolument crucial de laisser fonctionner les filtres et d'optimiser l'aération. Si les bactéries nitrifiantes venaient à mourir à cause d'un manque d'eau bien oxygénée, vous encourriez le risque très grave d'une accumulation mortelle d'ammoniac. Dans ce cas, il serait bon d'investir dans une ou deux pompes à air fonctionnant à piles qui assureraient la circulation de l'eau et le fonctionnement des filtres jusqu'à ce que l'électricité soit rétablie.

Cela vaudra aussi la peine d'envisager une solution de rechange. Pour éviter la catastrophe d'un thermostat bloqué, par exemple, vous pourrez en brancher un second sur l'alimentation. Réglez le deuxième thermostat sur quelques degrés de plus que le premier de sorte que si le premier se bloque, l'autre éteigne le chauffe-eau. Vous pourrez aussi installer directement deux appareils dans l'aquarium au cas où l'un des deux tombe en panne, évitant ainsi une chute de la température. Le nec plus ultra serait d'installer un signal d'alarme fonctionnant sur batterie pour indiquer les pannes de courant.

L'analyse des phosphates

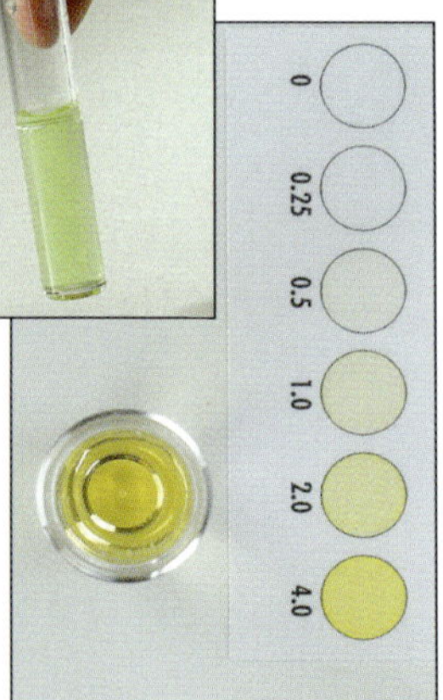

Ajoutez le réactif dans un échantillon d'eau de l'aquarium et mélangez soigneusement. Attendez cinq minutes et comparez la couleur de cette solution à la charte colorimétrique.

Voyez le bon côté des choses

En conclusion, ne considérez pas vos responsabilités quotidiennes comme des corvées. La plupart sont des tâches agréables qui font partie des soins et des petites attentions que méritent sans aucun doute les occupants de votre aquarium. Vous serez largement récompensé par un tableau vivant dont la couleur et la beauté seront aussi divertissantes qu'éducatives. Pour votre plus grand plaisir !

Conseils pratiques pour un aquarium sain

Choisissez des poissons en bonne santé et mettez en quarantaine tous les nouveaux venus. Évitez de stresser les poissons pendant leur transport et les manipulations liées à leur transfert.

Considérez les habitudes alimentaires des différentes espèces, leur compatibilité avec leurs congénères et les autres espèces ainsi que leur taille adulte.

Supprimez les aliments non consommés dès que possible. Acclimatez les poissons à de nouveaux aliments petit à petit.

Apprenez à reconnaître les symptômes de problèmes imminents liés à l'eau. La formation d'écume, une eau trouble, jaunâtre ou qui présente une forte odeur : tous ces signes indiquent une dégradation de l'eau.

Veillez à ce que les couvercles de verre soient toujours propres. Ils seront rapidement opaques à cause des projections de sel, ce qui empêche la pénétration des rayons lumineux au fond de l'eau. Rectifiez les conditions physico-chimiques de l'eau progressivement. Placez toutes les pompes et autres équipements suffisamment haut et au sec pendant que le niveau d'eau baisse. Éteignez-les pendant un changement d'eau et n'oubliez pas de les rallumer.

Ne négligez pas les changements d'eau partiels. Remplacez 20 à 25 % de l'eau chaque mois en moyenne. Pour les aquariums d'invertébrés, les changements seront plus fréquents.

Assurez-vous que le débit de l'eau au niveau des filtres est suffisamment élevé. Nettoyez les filtres mécaniques extérieurs et remplacez fréquemment les masses filtrantes (ou rincez-les pour les réutiliser) ainsi que le charbon actif (au moins une fois par semaine si nécessaire). Lavez les masses filtrantes dans une eau provenant de l'aquarium pour ne pas décimer les colonies de bactéries. Installez des robinets d'arrêt sur les tuyaux des filtres pour limiter les risques de fuite lors du nettoyage des filtres.

Après le nettoyage des filtres à moteur externes, vérifiez que les tuyaux sont bien fixés, car la pompe du filtre est capable de vider un aquarium aussi vite qu'elle en filtre l'eau !

Enlevez les algues sur le panneau avant avec un grattoir non métallique : les tampons à récurer en plastique ou en nylon sont très efficaces. Les algues ainsi récupérées feront le régal des herbivores dans les bacs moins riches en algues. Éclaircissez les macro-algues en excès, leur mort subite pouvant entraîner une pollution.

Lorsque vous soignez les poissons avec des médicaments, suivez les recommandations du fabricant. La plupart des traitements sont conçus pour être versés dans l'aquarium, mais n'oubliez pas que les remèdes à base de cuivre signeraient la mort de presque tous vos invertébrés. (C'est pourquoi il est difficile de faire cohabiter des poissons et des invertébrés. 80 % d'invertébrés pour 20 % ou moins de poissons est un bon compromis). Ne mélangez pas les médicaments. Stérilisez tous les équipements après usage et n'utilisez pas le même filet pour deux aquariums.

Compensez la perte d'eau due à l'évaporation par de l'eau douce.

La santé des poissons

En supposant que vos poissons aient été dans le meilleur état possible lorsqu'ils sont passés sous votre responsabilité, il y a de grands risques pour qu'à un moment ou un autre une maladie se déclare dans l'aquarium, qu'il vous faudra alors traiter.

Observer et apprendre

Prenez l'habitude de tirer les leçons de ce que vous voyez. Quand vous saurez reconnaître le comportement normal de chacun de vos pensionnaires, vous saurez aussi repérer la moindre anomalie, quand le poisson nage bizarrement, qu'il boude ou qu'il se cache par exemple. Les espèces à la silhouette concave (notamment sur les nouveaux venus) devront faire l'objet de suspicion.

N'oubliez pas que beaucoup de poissons d'eau de mer, comme le labre-pince (page 130), nagent avec les nageoires couchées et que, de toute façon, certaines espèces n'ont pas de nageoires là ou d'autres en ont !

Les premiers secours

Confronté à la maladie, vous devrez non seulement l'identifier mais aussi en chercher la cause. Commencez toujours par passer en revue l'état de l'aquarium (notamment les paramètres de l'eau). Une bonne hygiène du bac, un nombre de poissons modeste et la mise en quarantaine des nouveaux venus contribueront pour une grande part à un aquarium sans stress, exempt de maladies.

Les remèdes au cuivre

Il est impossible de soigner les poissons dans l'aquarium en présence d'invertébrés. Si les poissons réagissent bien aux remèdes à base de cuivre, il n'en va pas de même pour les invertébrés qui en mourraient.

Un bac hôpital

L'une des raisons de disposer d'un bac spécifique au traitement est que certains médicaments affectent les bactéries nitrifiantes, et que l'aquarium principal a ensuite besoin de temps pour arriver à nouveau à maturation après la fin du traitement. Un autre problème se pose si vous utilisez des filtres au charbon qui annihilent l'effet du traitement dilué dans l'eau de l'aquarium. Enlevez systématiquement le charbon ou les compartiments filtrants au charbon avant le dosage des médicaments.

L'aménagement d'un bac pour quarantaine

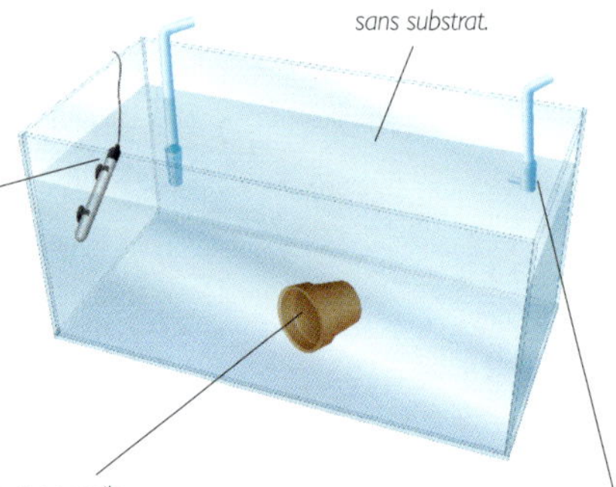

Équipez le bac d'un chauffe-eau pour maintenir la température de l'eau. Protégez la résistance d'une grille pour empêcher les poissons de se brûler.

Utilisez un bac propre sans substrat.

Un pot de fleurs en argile sera un abri sûr.

Les tuyaux d'entrée et de sortie de l'eau sont reliés à un filtre externe qui maintient la qualité de l'eau.

Se débarrasser de ses poissons sans cruauté inutile

À un moment ou à un autre dans votre vie d'aquariophile, vous serez amené à vous défaire d'un poisson soit parce qu'il est malade, soit parce qu'il est trop vieux. Quand vous aurez tout essayé, en vain, pour soigner le malade, la meilleure chose à faire sera de vous en débarrasser sans faire preuve de cruauté inutile. Si vous vous en sentez capable, la méthode la plus rapide est de sectionner la moelle épinière derrière la tête avec un couteau bien aiguisé. Vous pouvez aussi vous procurer un anesthésiant spécifique, le MS222, chez le vétérinaire ou le pharmacien et plonger le poisson plusieurs heures dans cette solution, ce qui l'endormira définitivement. Ne vous débarrassez jamais d'un poisson en le jetant dans les toilettes, en le tapant par terre ou en l'enfermant vivant dans le congélateur. La congélation affecte les capillaires sous la peau, ce qui les fait horriblement souffrir avant qu'ils perdent conscience.

À droite : *Mieux vaut connaître le volume d'eau exact du bac, car un dosage précis est essentiel. Mélangez le médicament dans un petit volume d'eau provenant de l'aquarium avant de le verser dans le bac hôpital et n'ajoutez jamais un second traitement tout de suite au cas où le premier ne marcherait pas, leur combinaison pouvant être toxique.*

La plupart des problèmes courants se signalent par des symptômes visibles externes, facilement repérables comme des petits points blancs ou autres et se soignent sans difficulté avec des traitements vendus dans le commerce. Dans le cas de problèmes internes, les symptômes externes ne sont parfois apparents que lorsque la maladie a trop progressé pour que les traitements soient efficaces. Plus difficiles à éradiquer, ils signent généralement l'arrêt de mort du poisson. Certains médicaments ne sont pas en vente partout dans le monde selon les réglementations nationales.

Soyez prudent

Soignez vos poissons méthodiquement, au besoin en prenant des notes. Soyez certain de votre diagnostic avant de commencer la cure. En cas d'urgence, on pourra traiter certaines attaques de parasites en baignant tout simplement le poisson dans l'eau douce. Bien que cela semble paradoxal, un bain d'eau douce de quelques minutes soulagera un poisson d'eau de mer (réduisez la durée s'il manifeste une certaine gêne).

Il n'est pas toujours possible d'établir tout de suite un diagnostic précis, tel ou tel symptôme correspondant parfois à plusieurs maladies. Un poisson qui montre des difficultés respiratoires, par exemple, n'est pas nécessairement attaqué par les parasites, il se peut tout simplement qu'il n'y ait pas assez d'oxygène dans l'eau, d'où l'importance de commencer par analyser cette dernière. Toutefois, si les branchies sont couvertes de parasites, il ne pourra plus tirer de l'eau l'oxygène nécessaire, ce qui provoquera un essoufflement et une accélération de la respiration.

La santé des poissons

Identifier et traiter les problèmes de santé

Symptôme	**Cause**	**Traitement**
Plaques opaques sur la peau	Chilodonella	*Un traitement antiparasitaire efficace – l'intervention d'un hôte par exemple – est nécessaire. L'aquarium vidé de ses occupants devrait être sain au bout de cinq jours.*
Taches triangulaires	Benedina	*Médicaments efficaces. Ayez recours aux bains rapides avec prudence.*
Points blancs. Le poisson se gratte contre les pierres.	Cryptocarion irritans	*Utilisez un remède à base de cuivre dans un bac hôpital en cas de présence d'invertébrés dans le bac principal.*
Plaques poussiéreuses comme du velours. Le poisson se gratte. Les branchies sont enflammées.	Amyloodinium occellatum	*Médicaments efficaces, mais éviter les traitements à base de cuivre en présence d'invertébrés.*
Émaciation, mais s'alimente régulièrement.	Ichthyosporidum *ou tuberculose*	*Aucun remède efficace. Les antibiotiques pourront aider. Isoler le poisson malade.*
Yeux gonflés, exorbités	Exophtalmia	*Aucun remède défini, mais les poissons ne souffrent généralement pas de cet état.*
Nageoires et tissus nécrosés	*Pourriture des nageoires, infection bactérienne. Souvent un effet secondaire.*	*Traitements à base de cuivre dans un bac hôpital en cas de présence d'invertébrés dans le bac principal. Améliorez la qualité de l'eau.*
Branchies ouvertes et enflammées	*Douve des branchies,* Dactylogyrus	*Bain rapide au formalin.*

Symptôme	***Cause***	***Traitement***
Touffes rappelant le coton hydrophile	Saprolegnia fungus	*Changement partiel de l'eau sur le champ. Bain rapide dans l'eau douce et traitement antibiotique. Améliorez la qualité de l'eau.*
Croissance en « chou-fleur », notamment pour les nageoires	Lymphocystis	*Les poissons sont perdus ou s'en remettent complètement.*
Ballonnements	*Infection bactérienne ou, dans les cas graves, hydropisie*	*Traitements à base de cuivre dans un bac hôpital en cas de présence d'invertébrés dans le bac principal.*
Plaies	*Dommages corporels, mauvaise manipulation. Bagarre. Ulcères dus* à Vibrio bacteria	*Traitement antibactérien générique et traitement local. Consultez un vétérinaire.*
Accélération de la respiration accompagnée d'une nage erratique et d'un regard vitreux	*Empoisonnement*	*Changement partiel de l'eau sur le champ suivi d'un renouvellement complet de l'eau si nécessaire.*
Branchies béantes	*Douve des branchies (voir branchies)*	*Bain rapide au formalin.*
Apathie	*Associée à plusieurs autres troubles*	*Établissez un diagnostic et traitez en conséquence.*
Perte d'équilibre, le poisson n'arrive pas à garder son équilibre dans l'eau.	*Problèmes de vessie natatoire*	*Isolez le poisson dans une eau plus chaude. Essayez des aliments traitants.*

La reproduction des poissons d'eau de mer

L'art de reproduire des poissons d'eau de mer en captivité en est toujours à ses premiers balbutiements. Toutefois, plus de cent espèces ont déjà été élevées en aquarium, parmi lesquelles certaines sont en vente dans le commerce. Assurer la reproduction et l'élevage d'une espèce doit être le but ultime de tout aquariophile marin. Leur réussite est cruciale pour l'avenir de ce passe-temps et pour la protection et la survie des espèces. À terme, les connaissances acquises grâce à ces expériences permettront de réduire la demande de spécimens capturés dans leur habitat naturel. Ces informations pourront aussi apprendre à tous les exploitants qui cherchent actuellement des poissons pour les amateurs d'aquarium à établir des stations de reproduction dans les pays d'origine des espèces, leur assurant ainsi de nouveaux revenus au cas où la demande en poissons recueillis dans les océans diminuerait. Il existe des méthodes testées et éprouvées pour la reproduction et l'élevage de certaines espèces d'eau de mer, mais il reste encore beaucoup à faire dans ce domaine.

Les poissons-clowns, déposeurs d'œufs

Les poissons-clowns comptent parmi les poissons les plus populaires des espèces d'aquarium d'eau de mer. Ce ne sont pas les plus résistants, mais ce sont pourtant ceux qui ont le plus de chance de se reproduire en aquarium. Le poisson-clown ocellé, Amphiprion ocellaris, *est élevé et reproduit en captivité depuis le début des années 1950, et fascine jusqu'au plus novice des aquariophiles par son comportement caractéristique lors de la reproduction.*

À droite : *Le mâle et la femelle du poisson-clown ocellé (*Amphiprion ocellaris*) surveillent les œufs qu'ils viennent de déposer sur une tuile dans un bac de reproduction vide. Dans leur habitat naturel, ils nettoient préalablement la surface de la pierre plate sur laquelle ils vont pondre.*

Bac de reproduction d'un poisson-clown

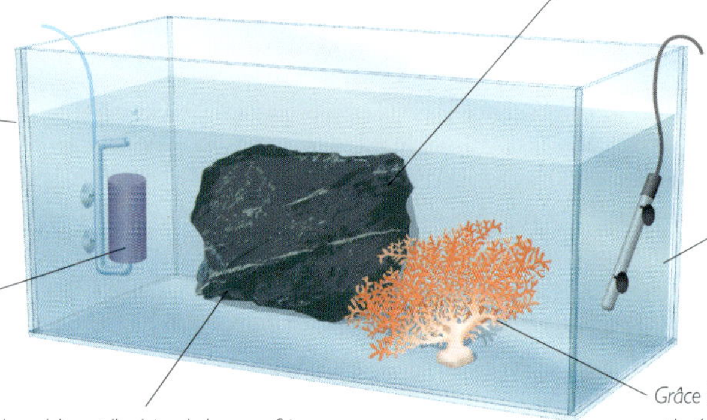

Les poissons-cardinaux, incubateurs buccaux

La découverte relativement récente de Pterapogon kauderni, *le poisson-cardinal de l'île de Banggai ou apogon de Kaudern, a soulevé un intérêt particulier. Il semble que la distribution de cette espèce soit très restreinte. En effet, on ne l'a trouvé que sur quelques sites près de l'île de Banggai, au large des Célèbes en Indonésie. Du fait de sa distribution, on craint que sa capture pour satisfaire les aquariophiles aient un impact sur sa population, c'est pourquoi sa reproduction en captivité est une initiative bienvenue. Par chance,* Pterapogon kauderni *se reproduit facilement en aquarium, et l'on peut espérer trouver rapidement des sujets nés en captivité dans les magasins d'aquariophilie.*

Ci-dessus : *Les mâles incubent les œufs fertilisés dans la bouche. Une fois incubés, les alevins en liberté s'offrent pour premier repas des artémias fraîchement pondues.*

Deuxième partie

Guide des poissons

Bien que près des trois quarts de la surface de la planète soient couverts d'eau salée, le nombre des poissons d'eau de mer en aquarium reste relativement faible et se compose essentiellement d'espèces tropicales. Le charme de ces spécimens est tel, cependant, que l'aquariophilie marine ne cesse de se développer et de faire des adeptes dans le monde entier.

Les plus belles espèces tropicales viennent des récifs de coraux et des eaux côtières où ils sont assez faciles à capturer ; les espèces évoluant en eau profonde deviennent souvent trop grandes pour l'aquarium et présentent trop de difficultés en matière de capture et de transport. La majeure partie des poissons de l'aquarium d'eau de mer provient de l'océan Indien et de l'océan Pacifique, de la région des Caraïbes dans l'Atlantique Nord et de la mer Rouge.

Les conditions physico-chimiques de l'eau des récifs tropicaux sont extrêmement stables : l'eau bien oxygénée est pratiquement dépourvue de déchets grâce aux courants marins qui la nettoient en permanence. C'est aussi une eau généralement peu profonde, ce qui signifie que les poissons sont habitués à une intensité lumineuse relativement élevée. L'un des avantages qu'il y a à reproduire une lumière vive dans l'aquarium est que l'on peut stimuler la prolifération des algues vertes (si redoutées par les aquariophiles d'eau douce), pour le grand plaisir des poissons dont beaucoup sont herbivores par nature.

Les spécimens nés des récifs coralliens sont terriblement territoriaux, chaque espace vital choisi par eux dans leur habitat naturel étant beaucoup plus grand que celui qui leur sera alloué dans un aquarium décoratif de taille moyenne. Ce qui explique la difficulté qu'il y a à loger des bancs entiers, ces poissons ne tolérant pas leurs congénères alors qu'ils considèrent rarement les voisins d'autres espèces comme une menace.

Tels sont les défis auxquels est confronté l'aquariophile amateur d'espèces marines tropicales : maintenir une eau propre et stable, offrir assez d'espace et choisir des espèces compatibles. Remplissez avec succès toutes ces conditions et vous n'aurez plus qu'à vous installer confortablement pour admirer ces merveilleux joyaux vivants de la mer.

Poissons-clowns et demoiselles

La famille des pomacentridés se compose de deux groupes de poissons comptant souvent parmi les premiers introduits par les aquariophiles d'eau de mer quand ils aménagent l'aquarium. Ce choix est facile à comprendre : ces poissons sont rustiques, bon marché et facilement disponibles sur le marché. Contrairement aux espèces plus fragiles, leur rusticité leur permet de supporter plus facilement les conditions encore instables d'un aquarium que l'on vient d'aménager. Ce n'est pas une raison cependant pour que l'amateur impatient brûle les étapes et ne prépare pas l'aquarium comme il se doit avant l'introduction des poissons, aussi rustiques soient-ils.

Les groupes distincts de cette famille ont tous deux besoin de se sentir en sécurité dans l'aquarium. Les poissons-clowns cherchent refuge dans les tentacules des anémones tandis que les demoiselles ont tendance à se regrouper autour des branches du premier massif de corail venu. Chaque groupe a un style de nage bien à lui : les poissons-clowns se dandinent, les demoiselles évoluent verticalement, avec des mouvements saccadés.

Ces poissons sont simples à entretenir. Ils acceptent la plupart des aliments et ne sont pas particulièrement hostiles envers les autres occupants. Les demoiselles se chamaillant parfois entre elles, il faudra cependant leur offrir un territoire assez spacieux. Plusieurs espèces sont susceptibles de se reproduire au sein de l'aquarium, qui déposent et surveillent leurs œufs sensiblement de la même façon que les poissons d'eau douce de la famille des cichlidés.

Ci-dessus : *Il a beau être le plus grand de son genre, le poisson-clown épineux* (Premnas biacculeatus) *n'en cherche pas moins refuge dans les tentacules des anémones de mer.*

POISSON-CLOWN NOIR À TROIS BANDES • *Amphiprion percula*

Pour la plupart d'entre nous, le poisson-clown noir à trois bandes est le poisson-clown par excellence. Il a la chance de pouvoir vivre dans les tentacules d'une anémone en toute impunité, car le mucus de sa peau empêche les cellules urticantes des anémones de le blesser ; sa capacité à disparaître instantanément dans leurs tentacules lorsqu'il est poursuivi par un prédateur lui est particulièrement utile. Certains pensent qu'en remerciement du refuge offert, l'anémone de mer bénéficie des particules alimentaires s'échappant par hasard (ou à dessein, qui sait ?) de la bouche du poisson-clown. Bien que cette amitié mutuelle soit parfois qualifiée de symbiose, aucune de ces deux créatures ne dépend strictement l'une de l'autre, et il serait peut-être plus juste d'appliquer à cette relation le terme de commensalisme.

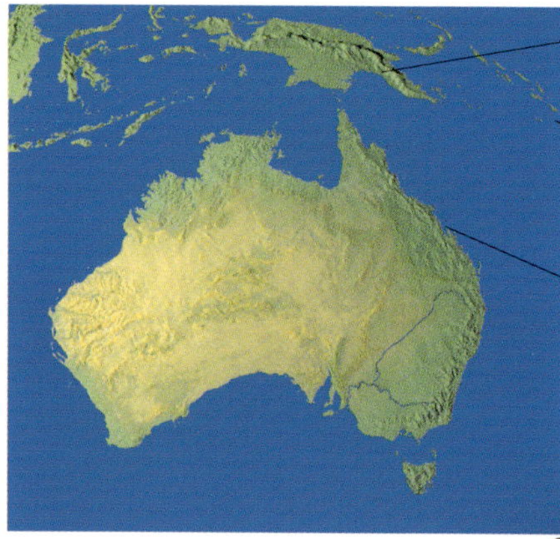

Origine

C'est l'une des espèces les plus répandues de ce genre, évoluant dans les eaux de la Papouasie-Nouvelle-Guinée, des îles Salomon et de la Grande Barrière de Corail.

Reproduction

Les œufs sont déposés et fertilisés sur une surface ferme, une pierre à proximité par exemple, puis les parents les surveillent jusqu'à l'éclosion. Les poissons-clowns reproduits en captivité sont de plus en plus disponibles sur le marché, réduisant ainsi la demande en spécimens sauvages.

On retrouve ce motif caractéristique sur la robe d'une espèce presque identique, Amphiprion ocellaris, *le poisson-clown ocellé. Tous deux sont cependant faciles à différencier : les bandes noires étant plus larges chez* Amphiprion percula.

Taille : *11 cm – Femelles généralement plus grandes*

La vie en aquarium

Combien dans l'aquarium ? Deux à trois, avec une anémone de mer.
Type d'aquarium : Communautaire.
Position dans l'aquarium : Du fond à médian.
Alimentation : Tous les aliments préparés y compris congelés et lyophilisés, plus un apport en végétaux.
Compatibilité : Comportement paisible.
Disponibilité : Régulièrement disponible (nés en aquarium ou spécimens sauvages).
Reproduction en captivité : Possible.

Poissons-clowns et anémones

La meilleure stratégie en matière d'achat est d'acquérir le poisson-clown en même temps qu'une anémone. Il est impossible cependant de savoir si les spécimens choisis vont s'accepter. Dans le cas d'un achat séparé, il semble que les espèces d'anémones Entacmaea *et* Macrodactyla *aient l'aval de la plupart des poissons-clowns.*

POISSON-CLOWN À SELLE NOIRE • *Amphiprion ephippium*

Le poisson-clown à selle noire, encore appelé le clown rouge à selle, est légèrement plus grand que le poisson-clown noir à trois bandes (page 90) et n'arbore pas les bandes verticales blanches de certaines espèces. Sa robe vermillon est simplement marquée d'une tache brun foncé le long de la nageoire dorsale supérieure, s'étalant environ sur les deux tiers du corps. Toutes les nageoires sont vermillon uni. Les jeunes spécimens présentent parfois une fine ligne verticale blanche juste derrière l'œil, qui disparaît avec l'âge.

Compatibilité

Bien qu'elle soit satisfaite de son alliance avec l'anémone de mer, cette espèce, prédateur vorace, se montre parfois agressive envers les poissons qui empiètent sur son territoire.

Des nageurs maladroits

Si on les a affublés du nom de poissons-clowns, c'est que ces poissons sont assez gauches et nagent en se dandinant.

La composition du mucus qui recouvre la peau des poissons-clowns prévient les brûlures des cellules urticantes (nématocystes) des tentacules des anémones de mer et garantit leur immunité.

Taille : 14 cm

Origine

Les îles Andaman et Nicobar, la Malaisie et Java.

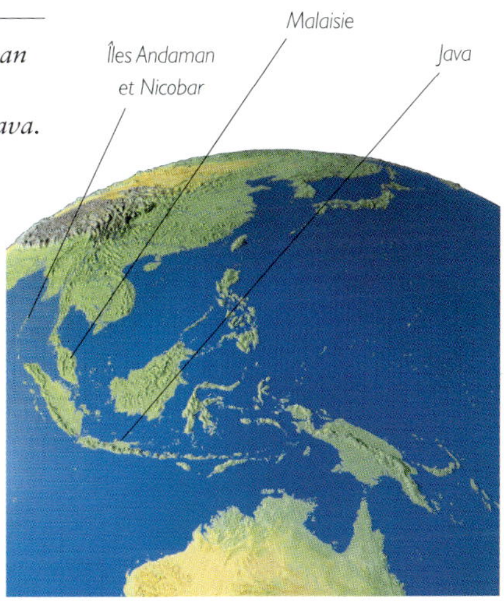

La vie en aquarium

Combien dans l'aquarium ?
Deux à trois, avec une anémone de mer.
Type d'aquarium : Communautaire.
Position dans l'aquarium :
Du fond à médian.
Alimentation : Tous les aliments préparés y compris congelés et lyophilisés, plus un apport en végétaux.
Compatibilité : Comportement paisible.
Disponibilité : Régulièrement disponible (spécimens sauvages).
Reproduction en captivité :
Pas d'informations.

POISSON-CLOWN DES MALDIVES

AMPHIPRION NIGRIPES

*Très proche par son apparence d'*Amphiprion ephippium *et d'*A. frenatus, A. nigripes *arbore cependant des couleurs plus subtiles. Sa robe à la teinte douce brun doré est ornée d'une bande blanche juste derrière la tête. Les nageoires pelviennes sont noires, ce qui n'est pas toujours le cas de la nageoire anale. Dans son habitat naturel, au large des îles Maldives dans l'océan Indien,* A. nigripes, *qui atteint jusqu'à 8 cm, se nourrit de plancton et de crustacés ; des aliments hachés menus sont donc parfaits en aquarium. Bien qu'il soit vorace, c'est un poisson timide qu'il est préférable de laisser en compagnie d'autres poissons-clowns. C'est le sujet idéal aux côtés d'invertébrés.*

***Ci-dessus :** Les couleurs d'*A. nigripes *ne sont pas aussi riches que celles d'autres poissons-clowns, ce qui le rapproche d'*A. perideraion.

POISSON-CLOWN À COLLIER • *Amphiprion perideraion*

La robe de ce poisson-clown est d'une teinte plus subtile que les tons criards des espèces précédentes. Son corps est orné d'une fine bande verticale blanche derrière les opercules et d'une autre bande blanche le long de l'arête dorsale, qui va de la tête au pédoncule caudal. Les nageoires pectorales, pelviennes et anale sont de la même couleur que le corps, tandis que les nageoires dorsales, à peine teintées de jaune, sont presque transparentes. *Amphiprion akallopisos* arbore les mêmes couleurs, mais ne présente pas de bande blanche sur la tête.

Dans son aire de distribution très étendue, *A. perideraion* s'abrite généralement dans les tentacules d'*Heteractis magnifica.*

Inversion sexuelle

Le genre des poissons-clowns se caractérise également par sa faculté d'inversion sexuelle. En l'occurrence, tous les poissons qui parviennent à l'âge adulte sont des mâles, parmi lesquels certains se transforment en femelles dominantes qui dirigeront de petites colonies.

Origine

De la Thaïlande aux îles Samoa, y compris les eaux au sud du Japon jusqu'à la Grande Barrière de Corail et la Nouvelle-Calédonie.

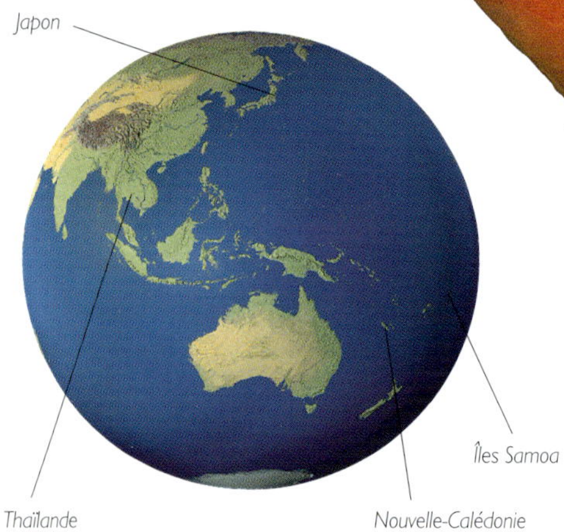

Taille : *10 cm*

La vie en aquarium

Combien dans l'aquarium ?
Deux à trois, avec une anémone de mer.
Type d'aquarium : Communautaire.
Position dans l'aquarium :
Du fond à médian.
Alimentation : Tous les aliments préparés y compris congelés et lyophilisés, plus un apport en végétaux.
Compatibilité : Comportement paisible.
Disponibilité : Plus rarement disponible (spécimens sauvages).
Reproduction en captivité :
Pas d'informations.

POISSON-CLOWN ROUGE

AMPHIPRION FRENATUS

Le poisson-clown rouge est très proche d'A. epphipium *à la différence qu'il porte une bande blanche transversale derrière la tête (parfois deux sur les jeunes sujets) et que la tache brune sur le corps est souvent plus grande. Cette confusion est entretenue par le fait que certaines autorités l'ont dénommé A.* ephippium *ou A.* melanopus. *Il porte aussi le nom d'A.* polypepis. *Le poisson-clown rouge qui évolue dans l'océan Pacifique atteint jusqu'à 7,5 cm. C'est un prédateur vorace qui accepte de petits crustacés et de petits aliments vivants ainsi que de la nourriture à base d'algues et de végétaux. Il est parfois belliqueux dans les espaces confinés, mais est parfaitement compatible avec les invertébrés.*

Ci-dessous : Les spécimens adultes du poisson-clown rouge gardent leur bande blanche transversale à l'âge adulte. Comme c'est le cas pour tous les poissons présentant des traits similaires collectés sur de vastes aires de distribution par des individus qui ne sont pas toujours respectueux des efforts de description, sa classification porte souvent à confusion.

Poisson-clown épineux • *Premnas biaculeatus*

Voici l'un des poissons-clowns les plus gros qui se distingue en outre par deux épines acérées pointées vers l'arrière, situées sur les joues juste en dessous de l'œil, une caractéristique qui lui a valu son nom commun de poisson-clown épineux. Sa robe aux tons orange et rouges, plus intenses chez le mâle, est traversée de trois bandes blanches verticales. La femelle, qui a plus de chance d'atteindre la taille maximale, arbore une livrée encore plus foncée, presque noire, aux bandes moins prononcées, lesquelles disparaissent presque entièrement chez certains spécimens.

Comme tous les poissons-clowns capturés dans la nature, le poisson-clown épineux souffrira du stress inhérent à un entretien laissant à désirer et de mauvaises conditions physico-chimiques de l'eau. Les spécimens reproduits en captivité acquis dans le commerce semblent cependant beaucoup plus rustiques.

Dans son habitat naturel, *Premnas biaculeatus* s'associe presque exclusivement à l'anémone à bouts renflés, *Entacmaea quadricolor*, mais il ne sera pas aussi dépendant d'une anémone de mer que les espèces parentes en aquarium.

Origine

De l'ouest de l'Indonésie jusqu'à Taïwan au nord et jusqu'à l'extrémité septentrionale de la Grande Barrière de Corail au sud.

Avec sa grande taille, sa robe rouge orangé soutenu et ses trois bandes blanches transversales, le poisson-clown épineux est très facile à reconnaître.

La vie en aquarium

Combien dans l'aquarium ? Un.
Type d'aquarium : Communautaire.
Position dans l'aquarium : Du fond à médian.
Alimentation : Tous les aliments préparés y compris congelés et lyophilisés, plus un apport en végétaux.
Compatibilité : Parfois agressif.
Disponibilité : Fréquemment disponible (spécimens sauvages).
Reproduction en captivité : Possible.

Taille : *17 cm - Mâles généralement plus petits*

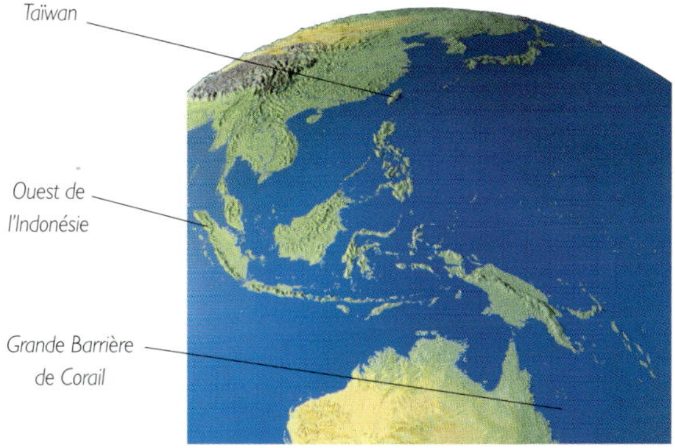

POISSON-CLOWN NOIR À QUEUE JAUNE

AMPHIPRION CLARKII

Également appelée poisson-clown de Clark, cette espèce présente une teinte très variable selon son site d'origine dans l'océan Indo-Pacifique. La couleur dominante du corps est généralement brun foncé sauf pour la partie ventrale qui est jaune. Toutes les nageoires sont jaune vif, à l'exception des nageoires caudales plus pâles. Deux barres verticales blanches qui vont en rétrécissant divisent le corps en trois. Les juvéniles arborent une troisième bande verticale blanche à l'arrière du corps. A. clarkii, qui mesure jusqu'à 12 cm, apprécie un régime de petits crustacés et de petits poissons vivants ainsi que de la nourriture à base d'algues et de végétaux. C'est une espèce paisible, ce qui en fait un choix idéal pour un aquarium associant poissons et invertébrés.

Ci-dessus : *La couleur du poisson-clown de Clark est très variable, ce qui ne facilite pas son identification. Parfait pour un aquarium communautaire, ce poisson courageux pourra dans la plupart des cas se passer d'une anémone de mer.*

SERGENT-MAJOR • *Abudefduf saxatilis*

Admirez les fonds marins à travers le fond vitré d'un bateau où que vous soyez sous les tropiques, et vous apercevrez à coup sûr un poisson ovale à la robe argentée, aux flancs ornés de plusieurs bandes verticales foncées. Pour parler comme les militaires, disons que le sergent-major est un poisson disposant d'un vaste champ de manœuvre ; on le trouve sur les rivages rocheux et les récifs coralliens aussi bien de l'océan Atlantique que de l'océan Indien et du Pacifique. Pour être exact cependant, il faut avouer qu'il existe plusieurs espèces sous la même dénomination commune. *A. saxatilis* par exemple vient de l'océan Atlantique tandis qu'*A. vaigiensis* évolue de la mer Rouge à l'est jusqu'à l'île Lord Howe et qu'*A. abdominalis* se confine dans les eaux des îles Hawaii.

À une ou deux taches près, la couleur de la robe ne varie pas d'une espèce à l'autre. Quant à sa forme, elle rappelle étonnement celle du centrarchidé d'eau douce malgré un pédoncule caudal beaucoup plus court. Attention, le sergent-major peut se montrer agressif sur son territoire.

La vie en aquarium

Combien dans l'aquarium ? Un.
Type d'aquarium : Communautaire.
Position dans l'aquarium : Médian à supérieur.
Alimentation : Tous types d'aliments.
Compatibilité : Parfois agressif.
Disponibilité : Généralement disponible (spécimens sauvages).
Reproduction en captivité : Pas d'informations.

Un aquarium spacieux pourra accueillir plusieurs poissons de cette espèce à condition que chacun dispose d'un « espace vital » assez vaste.

Taille : *15 cm*

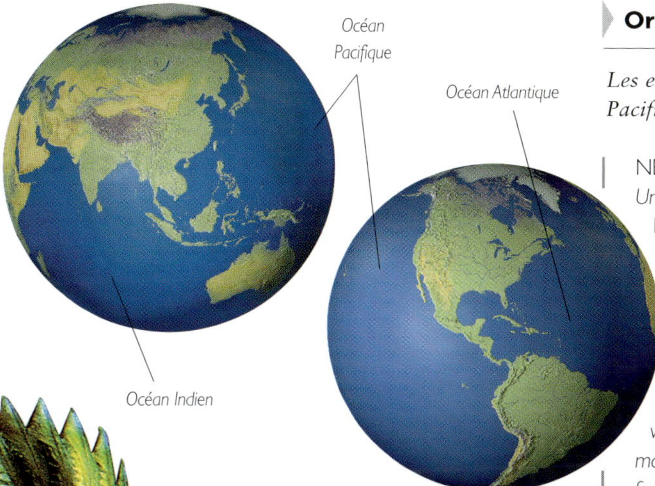

Origine

Les eaux des océans Atlantique, Pacifique et Indien.

NEOGLYPHIDODON OXYODON

Une strie verticale jaune traverse la robe noir bleuté de Neoglyphidodon oxyodon *juste derrière la tête tandis qu'il présente des lignes ondoyantes bleu électrique sur la tête et le corps qui passent avec l'âge. Cette espèce élégante mais agressive originaire de l'océan Pacifique cohabitera sans risques avec des invertébrés. Elle se nourrit d'aliments carnés finement hachés, d'algues et de végétaux, et mesure jusqu'à 13 cm. Elle a parfois du mal à bien s'acclimater si elle n'est pas au mieux de sa forme au moment de l'achat.*

DEMOISELLE BLEUE À QUEUE JAUNE • *Chrysiptera parasema*

Avec les demoiselles, nous voici confrontés à un véritable casse-tête en matière d'identification. Il existe en effet une grande variété d'espèces déclinant le même bleu vif appartenant à des genres différents, sans parler des formes juvéniles à la robe entièrement bleue. *C. parasema* présente sur la partie postérieure une tache jaune plus grande que sur la plupart des autres espèces, ce qui facilite un peu son identification.

Toutes les demoiselles ont un comportement territorial et agressif et se querellent s'il n'y a pas assez de place (ou de cachettes) pour elles dans l'aquarium. De quelque espèce qu'il soit et pas forcément de la même, introduire un seul spécimen dans un aquarium déjà peuplé de demoiselles, c'est aller au-devant des ennuis. Le meilleur moyen d'encourager *C. parasema* à s'établir est d'en introduire un petit nombre à la fois. L'autre astuce consiste à changer les éléments du décor de place juste avant une nouvelle introduction de sorte que chacune soit trop occupée à choisir son nouveau territoire pour déclencher une bagarre.

Ce bleu électrique particulièrement éblouissant est cependant fort répandu chez plusieurs espèces similaires de demoiselles.

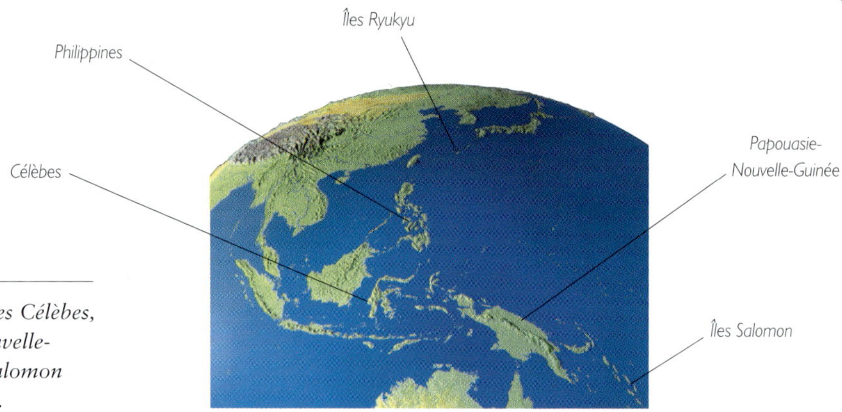

Origine

Les Philippines, les Célèbes, la Papouasie-Nouvelle-Guinée, les îles Salomon et les îles Ryukyu.

Taille : 7 cm

CHROMIS VERT

CHROMIS VIRIDIS

Cette espèce rustique qui vit en bancs arbore des écailles brillantes bleu-vert, une robe de couleur vive et la nageoire caudale est plus fourchue que chez certaines demoiselles. Il est préférable d'introduire ces poissons à l'instinct grégaire par groupes de 6 minimum, certains risquant de périr en aquarium. Espèce élégante et vive originaire de l'océan Indo-Pacifique et de la mer Rouge, C. viridis, *qui mesure jusqu'à 10 cm, est généralement paisible en aquarium et ne craint absolument rien en compagnie d'invertébrés ou d'autres espèces. C'est un prédateur timoré qui apprécie les aliments carnés hachés.*

Ci-dessous : *Idéale pour les débutants,* Chromis viridis *est une espèce bon marché et enjouée qui surmonte généralement mieux que la plupart les problèmes de dents liés à l'introduction dans l'aquarium.*

La vie en aquarium

Combien dans l'aquarium ? Deux ou trois (parfois deux ou trois spécimens de genres différents).
Type d'aquarium : Communautaire.
Position dans l'aquarium : Médian à supérieur.
Alimentation : Tous types d'aliments.
Compatibilité : Comportement territorial et belliqueux.
Disponibilité : Souvent disponible (spécimens sauvages).
Reproduction en captivité : Pas d'informations.

DEMOISELLE À QUEUE BLANCHE • *Dascyllus aruanus*

La demoiselle à queue blanche se caractérise par un corps blanc à dos large traversé de trois bandes blanches verticales réunies par une ligne noire qui souligne la nageoire dorsale. Les nageoires pelviennes et anales sont noires tandis que les nageoires pectorales et caudale sont transparentes. On la confond souvent avec *Dascyllus melanurus* bien que sa nageoire dorsale ne soit pas marginée de noir et que sa caudale soit tachée de noir.

Les demoiselles se regroupent autour des formations coralliennes et s'enfouissent entre leurs branches au moindre danger. Leur habitat naturel ne manque pas de ces abris puisqu'il s'étend de la mer Rouge à l'est jusqu'à l'île Lord Howe, dans le Pacifique.

La vie en aquarium

Combien dans l'aquarium ?
Deux ou trois (parfois deux ou trois spécimens de genres différents).
Type d'aquarium : Communautaire.
Position dans l'aquarium :
Médian à supérieur.
Alimentation : Tous types d'aliments.
Compatibilité : Comportement paisible.
Disponibilité : Régulièrement disponible (spécimens sauvages).
Reproduction en captivité :
Pas d'informations.

Demoiselle à trois taches

Les trois taches blanches qui ponctuent la robe noir de jais de D. trimaculatus *ne sont pas sans rappeler un domino. Les deux premières sont situées une sur chaque flanc, juste en dessous de la nageoire dorsale, et la troisième sur la zone dorsale, au-dessus du front. Cette coloration ne concerne que les jeunes sujets, les spécimens adultes étant gris cendré avec des taches à peine visibles, voire inexistantes.* D. trimaculatus *partage avec* D. aranus *la même aire de distribution et les mêmes exigences en aquarium.*

Trait distinctif de leur comportement, les jeunes poissons cohabitent avec de grandes anémones de mer, une manie qu'ils perdent en grandissant.

Taille : *8 cm*

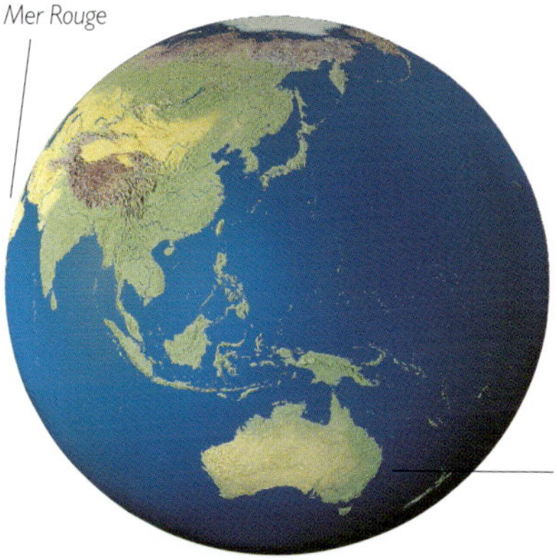

Origine

De la mer Rouge à l'île Lord Howe dans le Pacifique.

Ci-dessus : *Comme c'est le cas pour toutes les espèces agressives et territoriales, mieux vaut introduire* Dascyllus melanurus *en tout dernier dans l'aquarium.*

DEMOISELLE À QUEUE NOIRE

DASCYLLUS MELANURUS

Très proche de D. aruanus*, ses rayures noires sont cependant plus verticales et, comme son nom commun l'indique, sa nageoire caudale est elle aussi marquée d'une bande transversale noire. Cette espèce, qui vit en bancs dans les eaux du Pacifique Ouest du côté des Philippines et de la Mélanésie, peut atteindre 7,5 cm. En aquarium, elle se montre agressive et territoriale, il est donc préférable de la faire cohabiter avec des poissons autonomes.* D. melanarus *est un prédateur vorace qui accepte des aliments hachés et déshydratés, des mysis congelés et des artémias.*

Poissons-anges

La famille des pomacanthidés se compose de nombreuses espèces aux couleurs vives, de taille variée, allant des plus petits sujets aux spécimens qui seraient plus à leur place dans un aquarium public. Les membres du genre *Centropyge* par exemple, s'acclimateront facilement dans un aquarium décoratif ; les *Pomacanthus* en revanche exigent des quartiers bien plus spacieux. L'un des traits physiques typiques de cette famille est l'épine acérée pointée en arrière portée juste derrière les opercules. Certains pomacanthidés se caractérisent en outre par une différence radicale de couleur entre les jeunes spécimens et les adultes.

Un grand nombre de poissons-anges ayant une alimentation spécifique, leur acclimatation n'est malheureusement pas toujours possible en aquarium. Dans la nature, certains limitent leur nourriture aux éponges et à ce type d'aliments impossibles à reconstituer ; il est alors difficile de leur procurer régulièrement la nourriture requise.

La ponte a généralement lieu au crépuscule ; mâles et femelles s'accouplent jusqu'à ce qu'au terme d'une cour élaborée, les femelles libèrent leurs œufs dans l'eau, ce qui a cependant peu de chance de se produire dans votre aquarium.

Ci-dessus : *La majestueuse comtesse,* Euxiphipops navarchus, *porte bien son nom. Seuls les jeunes sujets conviennent en aquarium, arborant alors une robe bleu foncé ornée de bandes verticales blanches.*

POISSON-ANGE LORIOT • *Centropyge bicolor*

Comme l'indique son aire de distribution étendue, *Centropyge bicolor* est une espèce très répandue. Elle se caractérise par sa robe bleu roi, à l'exception de la partie avant du corps et de la nageoire caudale jaune vif, ce qui la rend très facile à identifier. La petite tache bleue à l'avant de la tête permet de la distinguer de *C. joculator*, le poisson-ange nain coco aux nageoires dorsale et anale bordées d'orangé et dont les colorations bleue et jaune du corps sont délimitées par une ligne plus inclinée. Comme il manque un peu d'assurance, ce poisson préférera les refuges bienvenus de la rocaille.

*Les couleurs de ce poisson diffèrent très peu de celles d'*Holacanthus tricolor*, beaucoup plus gros que lui, mais qui n'a pas de tache foncée au-dessus de l'œil.*

L'ange de mer nain

Le corps ovale et allongé de C. argi est d'un bleu roi soutenu qui s'étend à toutes les nageoires, à l'exception des nageoires pectorales, lesquelles partagent la couleur jaune vif de la tête. L'ange de mer nain peuple les amas rocailleux des récifs coralliens des Bermudes, de la Floride et des Caraïbes. Comme il se nourrit essentiellement d'algues, il faudra intégrer des végétaux dans son alimentation.

Taille : *15 cm*

Origine

De la Malaisie aux îles Samoa, du Japon au nord-ouest de l'Australie.

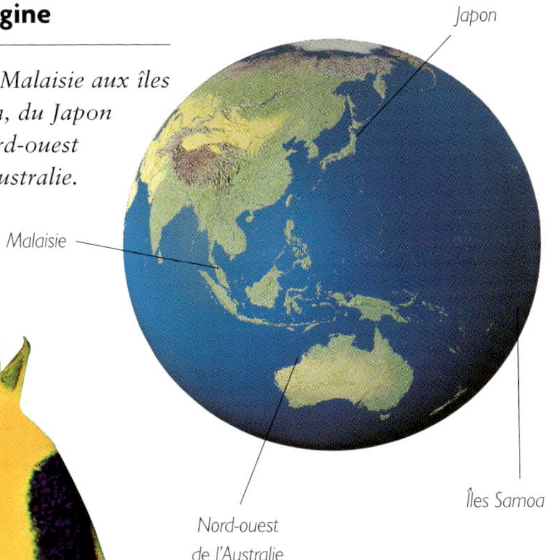

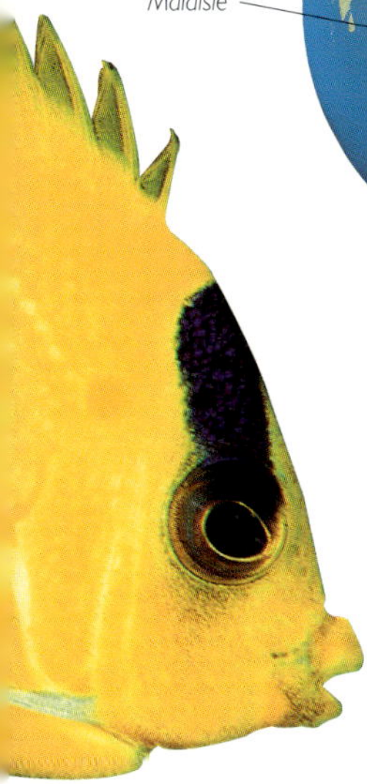

La vie en aquarium

Combien dans l'aquarium ? Un ou un couple établi.
Type d'aquarium : Communautaire.
Position dans l'aquarium : Du fond à médian.
Alimentation : Apprécie un apport en végétaux.
Compatibilité : Comportement paisible.
Disponibilité : Fréquemment disponible (spécimens sauvages).
Reproduction en captivité : Pas d'informations.

POISSON-ANGE SOMBRE

CENTROPYGE BISPINOSUS

Chez les jeunes spécimens, la tête et le corps sont soulignés de mauve profond et les flancs rouges sont rayés de fines stries verticales mauves. Les adultes de 12 cm de long arborent des zones dorées beaucoup plus importantes sur les flancs, eux aussi striés de lignes verticales foncées. Ce motif varie cependant beaucoup d'une région à l'autre ; les spécimens des Philippines par exemple ont une coloration plus rouge et mauve que les individus peuplant les eaux australasiennes. Ce poisson s'établira dans l'aquarium à condition qu'on lui offre des refuges à sa portée, et s'entend plutôt bien avec les invertébrés. C. bispinosus est un brouteur qui apprécie aussi les aliments carnés en plus d'une bonne quantité de verdure.

Ci-dessus : *Ce poisson-ange sombre présente la robe typique des juvéniles. La couleur des adultes dépend du lieu où ils ont été capturés.*

POISSON-ANGE À PEAU DE CITRON • *Centropyge flavissimus*

La couleur caractéristique de cette espèce amène parfois à la confondre avec son parent, le poisson-ange d'Herald *(C. heraldi)*, bien que les nageoires dorsales, anale et caudale de ce dernier ne soient pas marginées de bleu et qu'il n'ait pas les lèvres bleues. Pour compliquer encore les choses, les spécimens peuplant les îles Cocos-Keeling et Christmas dans l'océan Indien ne présentent pas non plus de liséré bleu. Ajoutez à cela le fait que la forme juvénile du poisson-chirugien *Acanthurus pyroferus* qui partage la même aire de distribution (s'étendant jusqu'à l'île de Pâques) arbore elle aussi une livrée entièrement jaune et la confusion sera totale.

Un examen plus approfondi révélera néanmoins que des hybridations ont été effectuées entre l'holacanthe jaune et poisson-ange à écailles perlées *(C. vroliki)* et le poisson-ange de Eibl *(C. eibli)*.

Origine

Les îles Cocos-Keeling et Christmas ; des îles Ryukyu aux îles Mariannes. Habituellement absent des eaux indo-australiennes.

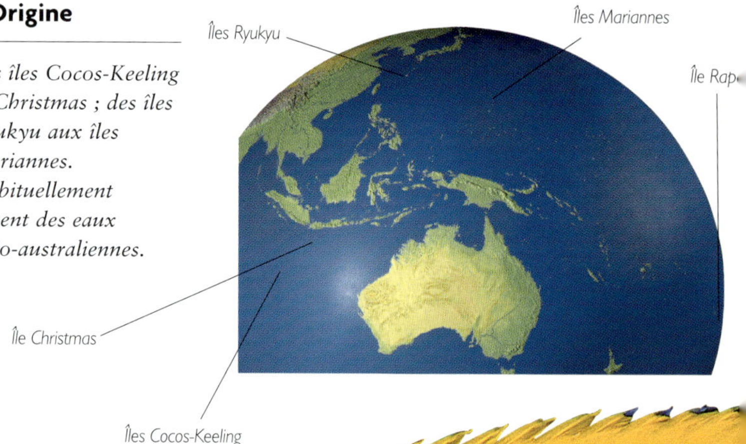

Taille : 14 cm

La vie en aquarium

Combien dans l'aquarium ? Un ou un couple établi.
Type d'aquarium : Communautaire.
Position dans l'aquarium : Du fond à médian.
Alimentation : Apprécie un apport en végétaux.
Compatibilité : Comportement paisible.
Disponibilité : Fréquemment disponible (spécimens sauvages).
Reproduction en captivité : Pas d'informations.

__Ci-dessous :__ Si vous souhaitez acquérir cette espèce, vérifiez que ses nageoires sont bien bordées de bleu ou vous risquez de vous retrouver avec un jeune poisson-chirurgien.

__Ci-dessus :__ Les poissons-anges sont des poissons étonnants, mais la plupart sont trop grands pour un aquarium de taille moyenne. Les membres de l'espèce Centropyge présentent cependant le format idéal pour un aquarium décoratif.

POISSON-ANGE D'HERALD

CENTROPYGE HERALDI

Avec sa robe entièrement jaune, C. heraldi se distingue de C. flavissimus par l'absence de bleu. Sur les spécimens capturés dans les îles Fidji, en revanche, la nageoire dorsale est bordée de noir. Dans l'univers des poissons d'eau de mer, la monocoloration est chose rare. Cette caractéristique du poisson-ange d'Herald originaire de l'océan Indo-Pacifique le rend facile à identifier, et lui vaut une grande popularité. Ce poisson qui mesure jusqu'à 10 cm a un tempérament paisible et se comporte généralement assez bien dans un bac d'invertébrés. Il s'alimente principalement en broutant les végétaux mais apprécie aussi les aliments carnés.

POISSON-ANGE FLAMBOYANT • *Centropyge loriculus*

La robe orange vif du corps est ornée d'une zone centrale jaune vif rehaussée de bandes verticales noir bleuté. Le bord des parties finement rayées des nageoires dorsale et anale présente cette même coloration bleu foncé tandis que la nageoire caudale est rouge, mâtinée de jaune. Cette espèce assez timide préfère ne pas s'éloigner des coraux qui lui offriront leur abri.

Si les mâles sont généralement plus grands que les femelles, il faut savoir que tous les poissons de cette espèce sont d'abord des femelles qui se regroupent en harem, les mâles se développant alors parmi elles.

La vie en aquarium

Combien dans l'aquarium ? Un ou un couple établi.
Type d'aquarium : Communautaire.
Position dans l'aquarium : Du fond à médian.
Alimentation : Apprécie un apport en végétaux.
Compatibilité : Comportement paisible.
Disponibilité : Fréquemment disponible (spécimens sauvages).
Reproduction en captivité : Pas d'informations.

Taille : *10 cm*

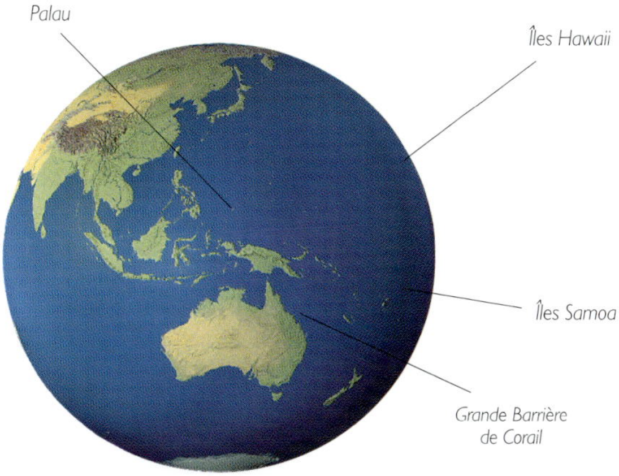

POISSON-ANGE ROUX

CENTROPYGE POTTERI

C. potteri *n'est pas ce qu'on appelle un sujet facile en aquarium. Il lui faut une qualité de l'eau irréprochable et une alimentation variée. Comme il aura tendance à bouder sa nourriture au début, on commencera par des proies vivantes. Une fois établi cependant, il devrait accepter les aliments congelés marins habituels. Veillez à lui procurer beaucoup d'algues qu'il puisse brouter, celles-ci constituant une part importante du régime alimentaire de cette espèce.* C. potteri *étant de tempérament paisible, on pourra même opter pour un couple ou un petit groupe si l'espace de l'aquarium le permet. Cantonné aux eaux des îles Hawaii, il mesure 10 cm, ce qui le classe entre les poissons-anges nains et ses cousins plus grands.*

Origine

De Palau, à l'est des Philippines, jusqu'aux îles Samoa et à la Grande Barrière de Corail, bien que moins répandu dans les eaux des îles Hawaii.

Ci-dessus : *Les Centropyge évoluent à des niveaux différents.* C. potteri *vit quant à lui à 15 m de profondeur.*

POISSON-EMPEREUR • *Pomacanthus imperator*

Particulièrement reconnaissable à sa robe, cette espèce compte parmi les favorites des aquariophiles d'eau de mer. Le corps est zébré en diagonale de rayures jaunes et bleues, le museau est gris et les yeux sont cachés derrière une bande presque noire bordée de bleu, l'avant de la tête étant marqué par une tache jaune jusqu'aux opercules. La nageoire anale est pourpre, striée de rouge, tandis que les nageoires dorsales et caudales sont jaunes. Selon certains cas répertoriés, les spécimens de l'océan Indien arborent des nageoires dorsales rondes et non pointues. Cette superbe livrée n'est cependant pas celle de la première heure, les jeunes sujets étant bleu nuit avec des marques blanches en formes vaguement concentriques pour ce qui concerne cette espèce.

Si les juvéniles ont tendance à se cantonner dans les crevasses et les anfractuosités des récifs coralliens ou à proximité, les adultes, plus téméraires, s'aventurent sur la pente externe des coraux qui peuplent leur aire de distribution.

Ci-dessus : *Comme c'est le cas pour beaucoup de poissons-anges juvéniles, la livrée du jeune empereur ne ressemble pas à celle des adultes.*

Origine

De la mer Rouge à Hawaii ; du Japon au sud de Tahiti.

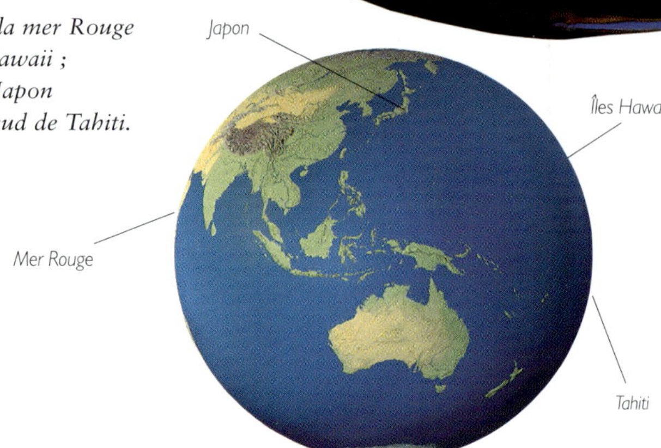

Taille : 40 cm

POISSON-ANGE À ANNEAUX

POMACANTHUS ANNULARIS

Chez le poisson-ange à anneaux adulte, des lignes bleues qui partent de chaque côté de l'œil courent en diagonale le long du corps marron clair et se rejoignent à l'arrière, en haut du corps, en un anneau bleu marqué soulignant l'arrière des opercules. Les juvéniles sont bleus et présentent des lignes transversales blanches presque droites. On comprend alors pourquoi la forme adulte et la forme juvénile sont souvent considérées comme deux espèces distinctes. Originaire de l'océan Indo-Pacifique, P. annularis *qui atteint jusqu'à 40 cm a un comportement territorial. Bien qu'il ne présente pas de risque en compagnie d'invertébrés quand il est jeune, il devient destructeur avec l'âge. Ces poissons sont des brouteurs qui se nourrissent de végétaux et d'aliments carnés.*

Ci-dessous : *Si votre aquarium le permet, n'hésitez pas à accueillir cette espèce très fiable.*

La vie en aquarium

Combien dans l'aquarium ? Un.
Type d'aquarium : Communautaire.
Position dans l'aquarium : Tous les niveaux.
Alimentation : Apprécie un apport en végétaux.
Compatibilité : Comportement paisible.
Disponibilité : Fréquemment disponible (spécimens sauvages).
Reproduction en captivité : Pas d'informations.

POISSON-ANGE FRANÇAIS • *Pomacanthus paru*

La plupart des aquariophiles d'eau de mer sont plus familiers avec la forme juvénile de cette espèce dont le corps noir et les nageoires sont rayés de bandes jaunes comme sur notre photo. Cette robe est beaucoup plus intéressante que celle de l'adulte au corps gris-noir faiblement moucheté de points jaunes. *P. paru* est lui aussi un sujet dont la taille s'accommode difficilement d'un aquarium décoratif de dimensions moyennes.

La vie en aquarium

Combien dans l'aquarium ? Un.
Type d'aquarium : Communautaire.
Position dans l'aquarium : Tous les niveaux.
Alimentation : Apprécie un apport en végétaux.
Compatibilité : Comportement paisible.
Disponibilité : Fréquemment disponible (spécimens sauvages).
Reproduction en captivité : Des alevins ont été obtenus en recourant à la même méthode de prélèvement manuel des œufs que pour les poissons rouges.

Reproduction

Dans son biotope, le poisson-ange français a tendance à vivre en couple. Le frai se déroule très simplement en eau profonde : les œufs sont expulsés puis fertilisés tandis que le couple remonte vers la surface. Selon certains rapports, on pourrait le reproduire selon la méthode appliquée aux poissons rouges : les œufs sont alors prélevés à la main sur la femelle puis mélangés à la laitance mâle.

Taille : *38 cm*

À gauche : *Voici un superbe spécimen adulte de poisson-ange royal. Les juvéniles servent souvent de « nettoyeurs », déparasitant les poissons qui viennent leur rendre visite.*

POISSON-ANGE ROYAL

HOLACANTHUS CILIARIS

Originaire des régions ouest de l'Atlantique, le poisson-ange a très belle allure en aquarium. Les couleurs de leurs robes varient et prennent en outre des nuances différentes selon l'éclairage. Les jeunes sujets arborent des rayures verticales bleu roi incurvées sur un corps bleu nuit aux nageoires dorées. Les adultes prendront leur coloration définitive quand ils atteindront la moitié de leur taille adulte à condition qu'ils bénéficient de l'alimentation appropriée et d'un aquarium spacieux. Mesurant jusqu'à 45 cm, H. ciliaris est un brouteur qui se nourrit de végétaux et d'aliments carnés. Agressif quand il est jeune, il ne tolère pas ses congénères et se montre parfois très territorial. Si les juvéniles ne constituent pas un danger pour les invertébrés, ils deviennent destructeurs avec l'âge. Le poisson-ange est sujet à la maladie des points blancs à laquelle on pourra facilement remédier avec un traitement à base de cuivre. C'est une espèce assez résistante à ce traitement capable de supporter un surdosage sans effets secondaires.

Origine

Espèce très répandue dans les eaux qui vont du nord du golfe du Mexique au Brésil. Certains semblent même avoir été aperçus dans l'océan Atlantique central, près de l'île de l'Ascension.

Poissons-papillons

Les membres de la famille des chétodontidés sont très proches des poissons-anges par leur forme et leur livrée, mais dépourvus d'épines sur les opercules. Leur alimentation présente parfois les mêmes problèmes (voir page 73). La plupart des poissons-papillons ont une tête très pointue, souvent avec un museau allongé idéal pour aller chercher la nourriture dans les coraux. Particulièrement actifs pendant la journée, ils se retirent dans les anfractuosités coralliennes la nuit.

Bien que ce groupe compte parmi les plus belles espèces de poissons peuplant les récifs coralliens, il est préférable pour eux de les laisser dans leur habitat naturel. Leur coût élevé attise parfois la convoitise des aquariophiles ambitieux qui risquent pourtant d'être déçus par l'espérance de vie relativement courte de ces espèces en captivité, souvent liée aux problèmes d'alimentation. Il est en outre difficile de les accueillir dans un aquarium récifal avec des coraux vivants, les poissons-papillons aimant brouter les polypes et les éponges.

On portera cependant à leur crédit que les couples établis supportent assez bien l'aquarium, quoique leur degré de rusticité dépende souvent de la méthode de capture – les spécimens capturés au filet étant beaucoup plus résistants que ceux que l'on aura drogués.

Ci-dessus : *Ce jeune spécimen* Chaetodon auriga, *l'élégant poisson-papillon à nageoire filiforme soulignée de noir, présente au bout de sa nageoire dorsale un prolongement filamenteux auquel il doit son nom commun.*

Poisson-papillon à nageoire filiforme • *Chaetodon auriga*

La plupart des chétodons peuplant la même aire de distribution présentent des couleurs similaires, ainsi le poisson-papillon à nageoire filiforme partage avec deux ou trois parents une livrée aux rayures gris foncé disposées en chevron sur un fond jaune argenté. L'œil caché dans une bande verticale noire est une autre caractéristique de ce genre, laquelle protège cet organe vital des agressions. Cette cachette est particulièrement efficace quand elle se double d'un leurre, un ocelle apparaissant à un autre endroit du corps. *C. auriga* doit son nom commun à une extension filamenteuse sur la partie supérieure jaune de la nageoire dorsale. Les poissons-papillons à nageoire filiforme portent souvent leur ocelle sur la partie jaune près de la nageoire dorsale, contrairement à certaines populations fréquentant les pentes externes des récifs coralliens. *C. auriga* se nourrit habituellement de polypes, d'algues et d'anémones.

La vie en aquarium

Combien dans l'aquarium ? Un.
Type d'aquarium : Communautaire.
Position dans l'aquarium : Tous les niveaux.
Alimentation : Polypes, anémones et algues, et tous types d'aliments préparés.
Compatibilité : Comportement paisible.
Disponibilité : Fréquemment disponible (spécimens sauvages).
Reproduction en captivité : Pas d'informations.

Le chétodon vagabond

Chaetodon vagabundus *se distingue du cocher par le bandeau noir qui souligne l'arrière du corps et les nageoires dorsale et anale, tandis que la nageoire caudale est marquée de deux traits noirs verticaux. Autre différence, le front est moins incliné. L'alimentation et l'aire de distribution sont les mêmes que celles de* C. auriga.

Taille : 23 cm

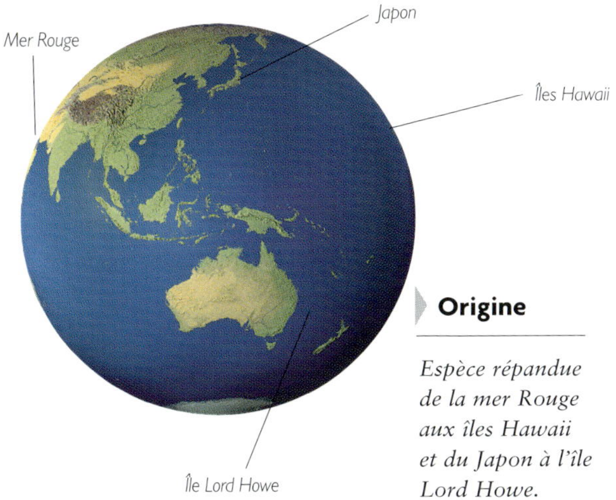

Origine

Espèce répandue de la mer Rouge aux îles Hawaii et du Japon à l'île Lord Howe.

POISSON-PAPILLON À DOUBLE SELLE

CHAETODON FALCULA

Deux selles traversent le corps de haut en bas (en formation sur ce jeune poisson). Les nageoires dorsale, anale et caudale sont jaunes tandis que le pédoncule caudal est marqué d'un point ou d'un trait noir. Le corps et la tête sont blancs. La bande noire descend sur le côté de la tête et le corps est orné d'innombrables lignes verticales très fines. Originaire de l'océan Indien, C. falcula *mesure jusqu'à 15 cm. On le confond souvent avec* C. ulietensis *présent dans la zone indo-pacifique, moins jaune sur le haut du corps et la nageoire dorsale, et dont les selles se rejoignent de façon moins marquée. Comme la plupart des membres de cette famille,* C. falcula *n'est pas une espèce pour débutant. Il lui faut une alimentation à base de crustacés, de polypes coralliens et d'algues. Agressif envers ses congénères, on ne peut pas lui faire confiance avec des invertébrés.*

CHELMON À BEC MÉDIOCRE • *Chelmon rostratus*

Si la plupart des poissons-papillons arborent une livrée argentée aux rayures jaune vif, le chelmon à bec médiocre se démarque de ses cousins, avec peut-être *Parachaetodon ocellatus*, le poisson-papillon ocellé qui évolue plus à l'est. Ce dernier a cependant un corps plus rhomboïde, tandis que *C. rostratus* est oblong.

Cette robe argentée est traversée verticalement de cinq bandes orangées bordées de noir qui vont jusqu'aux nageoires dorsale, pelvienne et anale marginées de jaune et de bleu. Un ocelle noir se dessine sur la partie arrière de la nageoire dorsale. Outre sa coloration, la principale caractéristique physique de *C. rostratus* est son long museau qui s'apparente à un bec, idéal pour atteindre la nourriture au fond des crevasses coralliennes.

Parfois lent à s'acclimater dans un bac, le chelmon à bec médiocre appréciera un aquarium récifal bien établi où il pourra satisfaire ses instincts naturels, autrement dit mordiller les coraux à loisir.

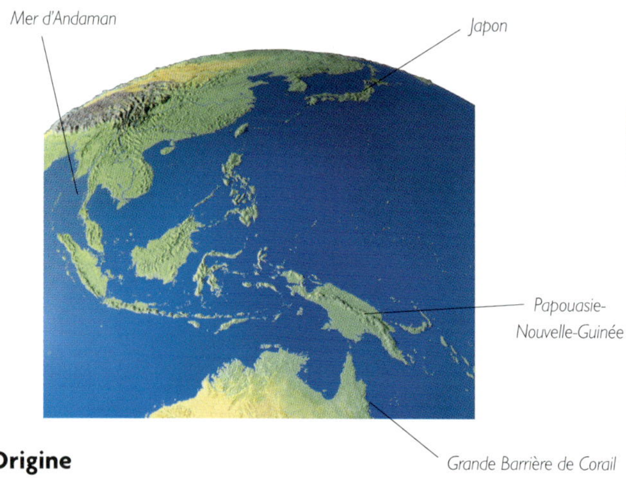

Origine

Il évolue en solitaire ou en couple dans les eaux de la mer d'Andaman, de la Papouasie-Nouvelle-Guinée, de l'Australie et de la Grande Barrière de Corail, et, au nord, vers le Japon.

Taille : *20 cm*

La vie en aquarium

Combien dans l'aquarium ? Un.
Type d'aquarium : Communautaire.
Position dans l'aquarium : Du fond à médian.
Alimentation : Tous types d'aliments carnés.
Compatibilité : Comportement paisible.
Disponibilité : Fréquemment disponible (spécimens sauvages).
Reproduction en captivité : Pas d'informations.

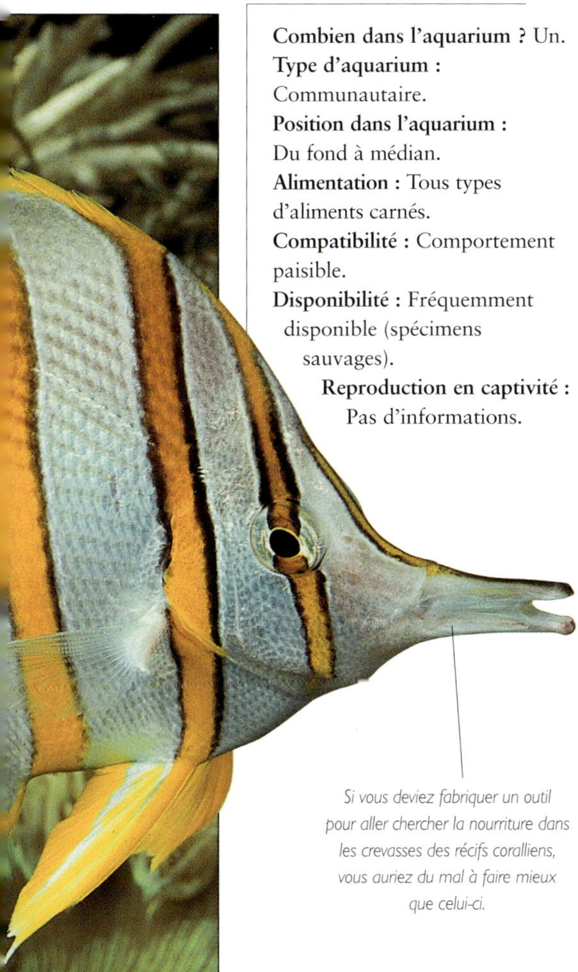

Si vous deviez fabriquer un outil pour aller chercher la nourriture dans les crevasses des récifs coralliens, vous auriez du mal à faire mieux que celui-ci.

POISSON MASQUÉ

CHAETODON SEMILARVATUS

La robe jaune de Chaetodon semilarvatus *est zébrée de fines lignes verticales orange tandis qu'une tache noir bleuté en forme de guillemet recouvre l'œil. Les spécimens venant de la mer Rouge étant très difficiles à se procurer, ils sont aussi très chers. Cette espèce, qui porte également le nom de poisson-papillon citron ou poisson-papillon jaune, mesure jusqu'à 20 cm et broute le substrat, se nourrissant de crustacés, d'algues et de polypes coralliens. Sa couleur vive au motif caractéristique en fait un poisson séduisant qui risque cependant de s'avérer intolérant envers ses congénères dans l'aquarium et n'est pas fiable avec les invertébrés. Il s'établit néanmoins assez vite en captivité.*

CHELMON À LONG BEC JAUNE • *Forcipiger longirostris*

Cette espèce ne se contente pas de ressembler à sa parente, *F. flavissimus*, elle partage aussi la même aire de distribution. Pour distinguer les deux espèces, sachez que *F. longirostris* arbore un rostre plus long et une tête à l'inclinaison plus marquée tandis que *F. flavissimus* a une bouche plus ouverte.

La couleur de la tête s'explique par deux raisons : la moitié supérieure noire protège l'œil (un petit ocelle noir sur la nageoire anale détourne l'attaque du véritable organe) tandis que la partie inférieure perturbe le regard et brouille la perception de la silhouette du poisson pour mieux dérouter les prédateurs éventuels. Tout l'arrière du corps à partir des branchies ainsi que les nageoires pelviennes, dorsale et anale est jaune vif, les nageoires impaires étant ornées d'un liséré bleu à l'exception de la nageoire caudale qui est transparente.

On remarque que l'œil, le vrai, est caché dans une zone sombre tandis que le faux s'affiche, ostentatoire, juste en dessous du pédoncule caudal.

Voici un autre exemple de coloration qui perturbe l'ennemi. Les contrastes de couleur modifient la perception de la silhouette du poisson.

Taille : 22 cm

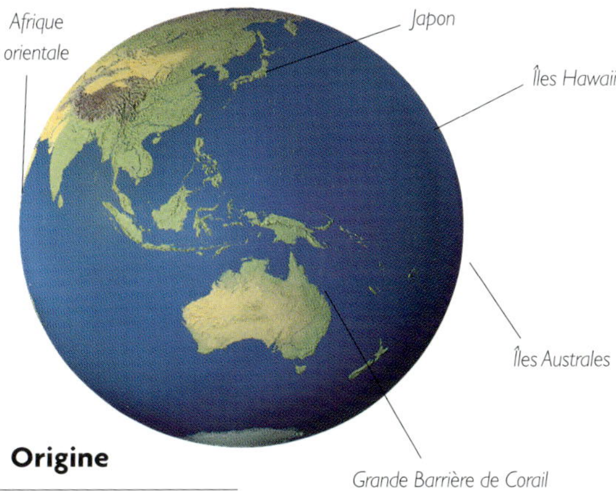

Origine

De l'Afrique orientale aux îles Hawaii ; du Japon aux îles Australes, et dans la Grande Barrière de Corail.

COCHER

HENIOCHUS ACUMINATUS

Le corps blanc est orné de bas en haut de deux bandes transversales noires fortement inclinées vers l'arrière. L'arrière des nageoires pectorale et anale est jaune tandis que les nageoires pelviennes sont noires. Le cocher se distingue également par le prolongement des premiers rayons de la nageoire dorsale qui se prolongent par un fouet. Originaire de l'océan Indo-Pacifique et de la mer Rouge, la robe est presque la même chez les jeunes et les adultes, les juvéniles ayant l'avantage de déparasiter les autres occupants de l'aquarium. Cette espèce qui atteint jusqu'à 22 cm accepte la plupart des aliments congelés et les végétaux. Heniochus acuminatus *est plus facile à maintenir en aquarium que* Zanclus canescens*, la forme juvénile du porte-enseigne cornu juvénile, qui lui ressemble. Si ces poissons se joignent souvent à d'autres espèces au comportement grégaire, le leader naturel d'un groupe en captivité a cependant tendance à devenir belliqueux. Ne le laissez pas avec des invertébrés.*

La vie en aquarium

Combien dans l'aquarium ? Un.
Type d'aquarium : Communautaire.
Position dans l'aquarium : Du fond à médian.
Alimentation : Tous types d'aliments carnés.
Compatibilité : Comportement paisible.
Disponibilité : Fréquemment disponible (spécimens sauvages).
Reproduction en captivité : Pas d'informations.

Labres

La famille des labridés compte un grand nombre d'espèces qui diffèrent par la taille comme par la forme. Quelle que soit l'espèce cependant, seuls les juvéniles conviennent à l'aquarium décoratif. On note également de grandes variations entre la robe des adultes et celles des jeunes individus.

Tous les labres se reposent la nuit, s'enfouissant la plupart du temps dans le substrat ou tissant un cocon de mucus leur servant de sac de couchage. L'idéal pour eux est donc un aquarium offrant de nombreux coins et recoins.

De tous les labres, *Labroides dimidiatus*, le labre nettoyeur, est certainement le plus connu, et se nourrit des parasites logés sur les autres poissons. Malheureusement ce penchant classe cette espèce dans la catégorie des poissons aux exigences alimentaires spécifiques, ce qui signifie que dans l'aquarium moyen (qui contient peu de parasites), *L. dimidiatus* risque de ne pas avoir assez à manger pour survivre. En la matière, mieux vaut demander conseil à son vendeur avant l'achat.

La plupart des labres arborent des couleurs vives qui en feraient des sujets séduisants dans l'aquarium. Les espèces de plus grande taille sont déconseillées dans un aquarium récifal où les plus petits donneront de bien meilleurs résultats.

Ci-dessus : *Leur taille modeste permettra d'installer confortablement un trio de labres-canaris* (Halichoeres chrysus) *dans un aquarium décoratif moyen, un bon début pour une collection.*

COSSYPHE DE CUBA • *Bodianus pulchellus*

Le corps trapu mais fuselé de *B. pulchellus* est rouge cramoisi sur presque toute sa longueur ; seule la moitié supérieure du pédoncule caudal est jaune vif. Les nageoires pelviennes, dorsale et anale sont également rouge écarlate, tandis que la nageoire caudale est presque entièrement jaune, seul le bord inférieur présentant le même rouge que la robe. Transparentes, les nageoires pectorales sont tachetées de noir à leur extrémité. Enfin, on note chez certains spécimens une bande blanche le long des flancs.

Cette espèce téméraire, dont les juvéniles sont des nettoyeurs, cohabite souvent avec la girelle-paon à tête bleue, *Thalassoma bifasciatum*.

Origine

Très répandu dans les Caraïbes, de la Floride au Brésil.

Taille : *15 cm*

La vie en aquarium

Combien dans l'aquarium ? Un.
Type d'aquarium : Communautaire, mais sans invertébrés.
Position dans l'aquarium :
Du fond à médian.
Alimentation :
Tous types d'aliments carnés.
Compatibilité :
Comportement généralement paisible, mais intolérant envers ses congénères.
Disponibilité : Fréquemment disponible (spécimens sauvages).
Reproduction en captivité :
Pas d'informations.

Ci-dessous :
B. pulchellus *doit son nom à la tache noire qui orne l'extrémité de chaque nageoire pectorale.*

LABRE ESPAGNOL

BODIANUS RUFUS

Les jeunes individus ont une robe jaune présentant une grande zone bleue le long de la partie supérieure du corps. Les adultes quant à eux arborent le jaune et le rouge habituel de l'espèce bien que les proportions entre ces deux couleurs varient selon l'habitat et la profondeur de l'eau. Originaires de l'Atlantique Ouest, ces labres aux couleurs vives mesurent jusqu'à 20 cm et se nourrissent abondamment de la chair des crustacés et des coquillages au fond de l'aquarium. Ce sont des poissons paisibles en communauté qui ne constituent pas une menace pour les invertébrés quand ils sont jeunes mais qui deviennent destructeurs en prenant de l'âge et du poids. Comme les autres membres de ce genre, les juvéniles débarrassent les autres poissons de leurs parasites.

Ci-dessus : *La différence de coloration entre les jeunes (notre photo) et les adultes permet certainement à ces derniers de mieux s'adapter aux variations d'intensité lumineuse en eau profonde où ils finissent par évoluer.*

LABRE ARLEQUIN • *Choerodon fasciatus*

Choerodon fasciatus affiche une robe étonnante : le corps bleu argenté étant zébré de bandes orange vif marginées de bleu. Les nageoires pelvienne, dorsale et anale sont elles aussi rouge orangé bordé de bleu. Autour du pédoncule caudal, le corps est bleu foncé et la nageoire caudale blanche est soulignée de rouge.

Les dents proéminentes de *C. fasciatus* sont parfaites pour déplacer les pierres et dénicher dessous les invertébrés dont il va se nourrir ou encore arracher les mollusques accrochés dessus.

La vie en aquarium

Combien dans l'aquarium ? Un.
Type d'aquarium : Communautaire, mais sans invertébrés.
Position dans l'aquarium : Du fond à médian.
Alimentation : Tous types d'aliments carnés.
Compatibilité : Comportement généralement paisible, mais intolérant envers ses congénères.
Disponibilité : Fréquemment disponible (spécimens sauvages).
Reproduction en captivité : Pas d'informations.

Le labre arlequin adulte a perdu les ocelles présents sur les nageoires dorsale, anale et pelviennes des juvéniles.

Taille : 25 cm

Origine

Il évolue souvent en solitaire dans son habitat naturel qui va de Taïwan et des îles Ryukyu à l'Australie et à la Grande Barrière de Corail.

GIRELLE-CLOWN

CORIS AYGULA

Cette espèce affiche une robe spectaculaire aussi bien jeune qu'à l'âge adulte. Les juvéniles sont blancs avec deux taches orange proéminentes sur la surface dorsale. L'avant du corps et les nageoires sont couverts de taches noires et la nageoire dorsale présente deux taches noires entourées de blanc. L'adulte, à la robe verte et aux nageoires mauves au liséré jaune, a pour nom commun labre-clown. Ce poisson paisible s'alimentant dans les fonds marins acceptera de petits animaux marins congelés et des proies vivantes. Il ne présente pas une menace pour les invertébrés quand il est jeune, mais devient destructeur en prenant de l'âge et de l'envergure, sa taille pouvant atteindre 20 à 30 cm.

Ci-dessous : Leur appellation anglaise prêtant à confusion, ne confondez pas le labre clown avec le labre Napoléon, un labre géant trois fois plus gros que lui.

LABRE-OISEAU • *Gomphosus coerulus*

Le labre-oiseau porte bien son nom, car non seulement son museau allongé rappelle étrangement le bec d'un oiseau, mais il a aussi une drôle de façon de nager qui donne l'impression d'un poisson volant, le battement de ses nageoires étant plus aviaire que piscicole.

La livrée bleu-vert du mâle est ornée d'un demi-cercle jaune sur la nageoire caudale. Les nageoires dorsale et anale sont bordées de jaune et les nageoires pectorales sont noires. La femelle quant à elle est d'un brun terne.

Cette espèce en constante activité ne s'enfouit pas dans le substrat la nuit, mais se cache dans les coraux.

Origine

Vaste zone de distribution allant de la mer Rouge aux îles Hawaii et des îles Ryukyu à l'île Lord Howe.

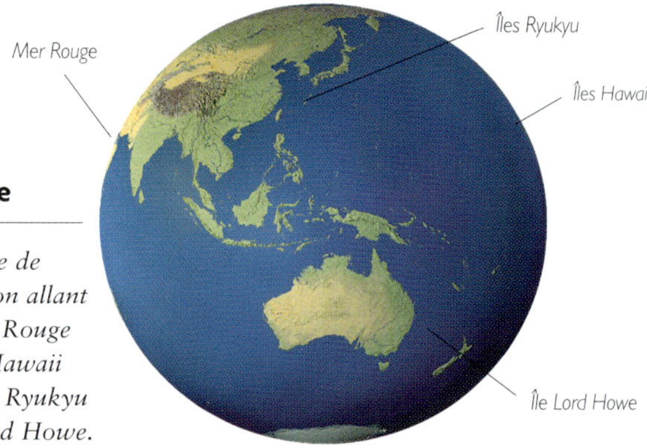

La vie en aquarium

Combien dans l'aquarium ? Un.
Type d'aquarium : Communautaire, mais sans invertébrés.
Position dans l'aquarium : Tous les niveaux.
Alimentation : Tous types d'aliments carnés.
Compatibilité : Comportement généralement paisible, mais intolérant envers ses congénères. Son activité incessante s'avère parfois gênante pour les espèces moins turbulentes.
Disponibilité : Fréquemment disponible (spécimens sauvages).
Reproduction en captivité : Pas d'informations.

Taille : 28 cm

Ci-dessus : Le légendaire labre-nettoyeur offre régulièrement ses services aux visiteurs de son récif corallien.

LABRE-NETTOYEUR

LABROIDES DIMIDIATUS

Sa réputation de nettoyeur en fait le plus connu des labres. Cette méthode de nettoyage que pratiquent également certains gobies et crevettes nettoyeuses s'apparente à un véritable rituel. Lorsqu'un labre-nettoyeur s'approche d'un poisson donné – ou hôte – il se tient pratiquement immobile, toutes nageoires sorties, tête baissée ou relevée. On voit parfois les couleurs du poisson hôte s'affadir, peut-être pour que le nettoyeur distingue mieux les parasites. Originaire de l'océan Indo-Pacifique, le labre-nettoyeur atteint jusqu'à 10 cm. Dans son biotope, ce prédateur vorace se nourrit des ectoparasites des téguments des autres poissons, que l'on remplacera par des aliments carnés hachés menus dans l'aquarium. Infatigable, L. dimidiatus est cependant d'un tempérament paisible et ne constitue pas une menace pour les invertébrés.

Un loup déguisé en brebis

La robe bleue du labre-nettoyeur, une espèce à la silhouette longiligne, est divisée par une bande noire horizontale qui va du museau à la nageoire caudale. La bouche de Labroides dimidiatus est terminale, ce qui le distingue du prédateur Aspidontus taeniatus, baptisé le faux nettoyeur, à la bouche inférieure.

LABRE-CANARI • *Halichoeres chrysus*

On comprend aisément à sa robe jaune vif et à sa silhouette qu'*Halichoeres chysus* ait pour nom commun labre-canari. Trois taches noires ornent sa nageoire dorsale, une quatrième se nichant sur le pédoncule caudal. Cette particularité permet de le distinguer de *H. leucoxanthus*, le labre-canari à points noirs, une espèce très ressemblante dont seule la moitié supérieure du corps est jaune, la moitié inférieure étant blanc argenté.

Origine

De l'île Christmas aux îles Marshall et du sud du Japon au sud-est de l'Australie.

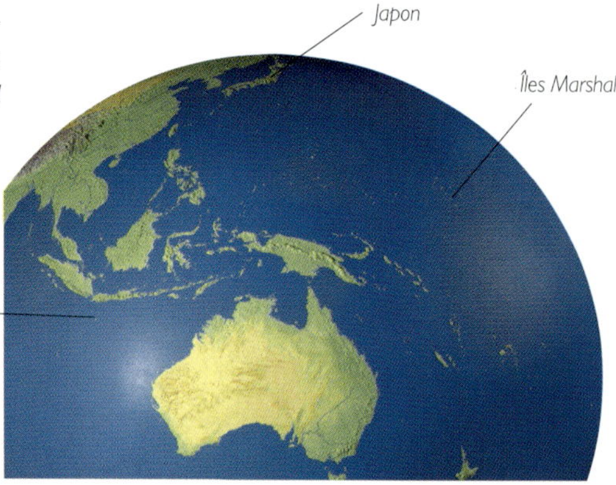

La vie en aquarium

Combien dans l'aquarium ? Deux à trois.
Type d'aquarium :
Communautaire, mais sans invertébrés.
Position dans l'aquarium : Du fond à médian.
Alimentation : Tous types d'aliments carnés.
Compatibilité : Comportement paisible, mais parfois querelleur avec ses congénères.
Disponibilité : Fréquemment disponible (spécimens sauvages).
Reproduction en captivité :
Pas d'informations.

Taille : 12 cm

Ci-dessus : *De son œil aux rayures horizontales à la pointe de na nageoire caudale verte, quel que soit l'angle sous lequel on l'observe, le labre à six bandes est un sujet d'une grande élégance.*

LABRE À SIX BANDES

PSEUDOCHEILINUS HEXATAENIA

Cette espèce de l'océan Indo-Pacifique présente un corps à la symétrie des plus classiques, les profils dorsal et ventral étant à l'image l'un de l'autre. Sa robe est ornée de rayures horizontales alternant le jaune et le mauve, les nageoires dorsale et caudale sont jaunes, et les nageoires pelviennes et anales sont mauves. Le pédoncule caudal est quant à lui agrémenté d'une tache noire cerclée de blanc. Malgré ses nombreux attraits, ce poisson d'un naturel timide a tendance à se cacher plutôt qu'à les exhiber, préférant les branches des coraux à la pleine eau. Mesurant jusqu'à 7,5 cm, il accepte facilement les aliments marins congelés ou vivants et les flocons. Les labres à six bandes sont à l'aise dans un aquarium communautaire où ils passeront leur temps à inspecter les formations rocheuses à la recherche d'une petite douceur, n'hésitant pas à titiller les escargots. Ce sont des poissons plutôt paisibles envers leurs congénères et les espèces similaires. Le labre à six bandes est une espèce intéressante, bon marché, résistante aux maladies, que l'on ne peut que chaudement recommander aux néophytes.

Pensez-y !

Si bon nombre de labridés ne manquent pas de charme quand ils sont jeunes, ils prennent facilement de l'envergure, devenant trop grand pour leurs quartiers en aquarium, et perdent leurs couleurs en vieillissant. Il ne faudra pas l'oublier au moment de faire votre choix.

Poissons-chirurgiens

Les membres de la famille des acanthuridés ont le corps ovale ou discoïde, entièrement bordé par les nageoires dorsale et anale. Les yeux sont portés très haut sur la tête au front très incliné. Les poissons-chirurgiens doivent leur nom aux deux épines érectiles situées de chaque côté du pédoncule caudal, lesquelles forment un scalpel dont le poisson se sert pour attaquer ou se défendre.

Généralement actifs pendant la journée, les membres de ce groupe sont essentiellement herbivores, et il faudra intégrer une bonne proportion de végétaux à leur alimentation. Bien que la plupart ne tolèrent pas leurs congénères, notamment ceux de même couleur et de même forme, les spécimens de forme ovale cohabiteront pacifiquement, dans un grand aquarium, avec des spécimens discoïdes.

Les poissons-chirurgiens sont particulièrement friands d'algues et de varech dans leur habitat naturel. Outre cet apport végétal, il est essentiel de leur offrir une eau bien oxygénée par un puissant système de filtration et, si possible, une aération supplémentaire.

Ci-dessus : *Quel meilleur nom aurait-on pu donner à ce poisson-chirurgien. Le « scalpel » que l'on voit à la jonction du corps et de la queue resplendit d'un blanc éclatant et met en garde ses prédateurs, leur enjoignant de garder leurs distances.*

CHIRURGIEN À POITRINE BLANCHE • *Acanthurus leucosternon*

Le front incliné et le corps ovale sont deux caractéristiques des espèces du genre *Acanthurus*, sans parler de leur tête noire, leur poitrine blanche et leur corps bleu entouré des nageoires dorsale et anale jaunes, ainsi que de leur nageoire caudale marquée de noir qui en font une espèce facile à identifier. Quant au scalpel, il est caché dans le fond jaune du pédoncule caudal. Leur petite bouche pointue, dotée d'une belle rangée de dents, est tendue vers l'avant pour mieux brouter les algues et capturer le plancton. Bien que ce poisson évolue en grandes colonies dans son habitat naturel, la plupart des aquariophiles d'eau de mer isolent les jeunes spécimens qui ont tendance à se quereller. Les chirurgiens à poitrine blanche et leurs parents *A. japonicus*, les chirurgiens à joues blanches, bénéficient d'une aire de distribution très vaste.

Lors de l'achat des poissons-chirurgiens, veillez à ce qu'ils ne soient pas anormalement maigres, surtout au niveau de la tête. Ces poissons qui passent leur temps à se nourrir dans leur habitat naturel auront besoin d'une alimentation appropriée à base de végétaux.

Malgré le bleu dominant de sa robe, le scalpel se détache sur la bande jaune vif.

La vie en aquarium

Combien dans l'aquarium ? Un.
Type d'aquarium : Communautaire.
Position dans l'aquarium : Tous les niveaux.
Alimentation : Accepte la plupart des aliments y compris les aliments carnés, mais bénéficiera d'une forte proportion de végétaux.
Compatibilité : Belliqueux avec ses congénères, il ignore généralement les invertébrés.
Disponibilité : Habituellement disponible (spécimens sauvages).
Reproduction en captivité : Pas d'informations.

Taille : 23 cm

Origine

De l'Afrique orientale au sud-ouest de l'Indonésie.

CHIRURGIEN BLEU

ACANTHURUS COERULEUS

Les jeunes individus sont jaunes avec des yeux cerclés de bleu. Il ne faudra pas les confondre avec Zebrasoma flavescens *(page 142). Les petits spécimens s'avèrent parfois relativement agressifs et se montrent belliqueux si on les établit dans l'aquarium avant les autres poissons. Cette tendance diminue cependant avec le temps. Attention : ne laissez pas les chirurgiens bleus en compagnie d'invertébrés. Avec l'âge, de fines lignes bleues apparaissent, les adultes arrivés à maturité étant d'un bleu plus profond que les sujets presque matures. Les scalpels sur le pédoncule caudal sont cernés de jaune ou de blanc chez les adultes et leur robe bleu nuit prend le pas sur le jaune vif des juvéniles. Les chirurgiens bleus peuplent les eaux de l'Atlantique Ouest. Ils atteignent 15 cm et se nourrissent essentiellement d'algues.*

Ci-dessus : *Les scalpels des poissons-chirurgiens sont souvent bien cachés, mais la couleur de cette espèce les révèle.*

NASIQUE À ÉPERONS ORANGE • *Naso lituratus*

Bien que d'un point de vue technique, cette espèce soit répertoriée dans les poissons-chirurgiens, on la classe aussi parmi les membres du groupe des nasiques (*Nasinae*) dans lequel certains individus arborent une sorte de corne ou rostre sur le front. Ils se caractérisent également par leurs scalpels dressés en permanence disposés telle une paire d'épines écailleuses de chaque côté du pédoncule caudal.

Leur robe est d'un brun olivâtre sur lequel contraste une face blanchâtre aux marques noires et des lèvres rouge vif. La nageoire dorsale qui longe presque tout le dos est jaune vif, la nageoire anale presque aussi longue est brune, tandis que la nageoire caudale est soulignée de noir. Comme sa taille le laisse entendre, il s'agit d'une espèce océanique qui exige un aquarium assez spacieux pour évoluer à son aise.

Origine

De la mer Rouge à Hawaii, du Japon à la Grande Barrière de Corail.

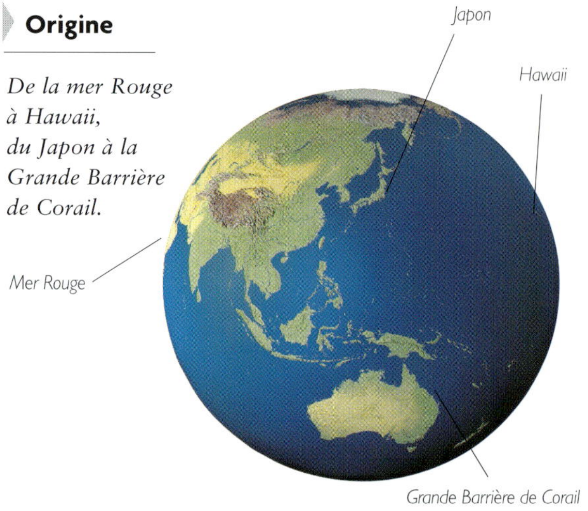

La vie en aquarium

Combien dans l'aquarium ? Un.
Type d'aquarium : Communautaire.
Position dans l'aquarium : Tous les niveaux.
Alimentation : Accepte la plupart des aliments, y compris carnés, mais préférera une large proportion de végétaux.
Compatibilité : Belliqueux avec ses congénères, il ignore généralement les invertébrés.
Disponibilité : Habituellement disponible (spécimens sauvages).
Reproduction en captivité : Pas d'informations.

Taille : *30 cm*

À gauche : *Les scalpels de cette espèce sont loin d'être aussi grands que l'aplat de couleur qui les dissimule.*

CHIRURGIEN À QUEUE ROUGE

ACANTHURUS ACHILLES

Le corps ovale et brun est rehaussé par les lisérés rouges teintés de jaune des nageoires dorsale et anale. Si A. achilles *partage avec d'autres membres de sa famille des taches blanches sur les opercules, derrière les yeux, et une tache blanchâtre sur la poitrine, il se distingue radicalement par la partie rouge orangé en forme de larme sur le pédoncule caudal, d'où émergent les scalpels. Les jeunes individus ne présentent pas autant de marques rouges que les adultes, qui peuvent atteindre 25 cm. Le chirurgien à queue rouge est généralement paisible mais très fragile. Compatible avec la plupart des poissons, il s'avère parfois batailleur avec les membres de sa propre famille. Ne l'introduisez pas dans le bac avant que les premiers poissons soient établis et ne le laissez pas en compagnie d'invertébrés. Originaire du Pacifique,* A. achilles *se nourrit en broutant les algues (une activité facilitée par son front haut). En aquarium, c'est un brouteur timide qui accepte les aliments protéinés habituels comme les aliments congelés irradiés aux rayons gamma, les artémias vivantes ainsi que toute autre verdure.*

CHIRURGIEN BLEU • *Paracanthurus hepatus*

Ce favori des aquariums se reconnaît facilement à sa robe bleu roi, à sa forme en palette de peintre et à ses nageoires caudale et pectorale jaune vif.

Tous les poissons-chirurgiens dépendent d'une eau bien oxygénée et apprécient une température entre 26-28 °C. Offrez leur la densité dont ils bénéficient dans leur habitat naturel et veillez à ce que le pH se maintienne au plus près de 8,3.

Comme tous les membres de cette famille, *P. hepatus* peut se montrer très territorial, il lui faut donc un aquarium spacieux avec de nombreuses cachettes.

S'il est vrai que l'on reconnaît immédiatement le corps à sa forme de palette de peintre, le motif de la nageoire dorsale et le jaune vif de la nageoire caudale méritent eux aussi d'être mentionnés.

Origine

Cette espèce est très répandue de l'Afrique orientale aux îles Line, au centre du Pacifique, et du sud du Japon à la Nouvelle-Calédonie et aux îles Samoa jusqu'à la Grande Barrière de Corail.

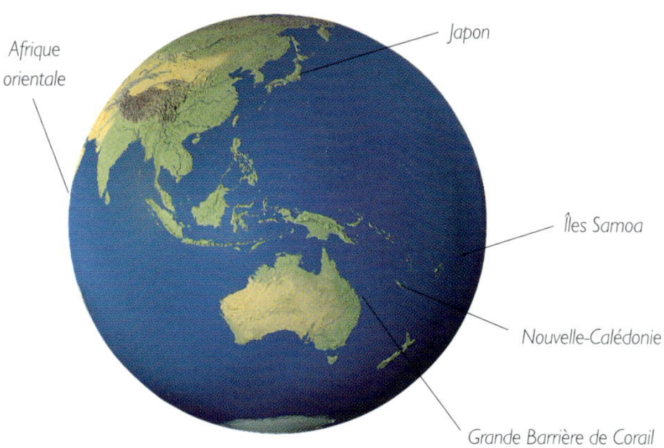

La vie en aquarium

Combien dans l'aquarium ? Un.
Type d'aquarium : Communautaire.
Position dans l'aquarium : Tous les niveaux.
Alimentation : Accepte la plupart des aliments, y compris carnés, mais préférera une large proportion de végétaux. Fouille sans relâche en quête de nourriture.
Compatibilité : Belliqueux avec ses congénères, il ignore généralement les invertébrés.
Disponibilité : Habituellement disponible (spécimens sauvages).
Reproduction en captivité : Pas d'informations.

Taille : *31 cm*

POISSON-CHIRURGIEN RAYÉ

ACANTHARUS LINEATUS

Il s'agit de l'une des espèces de la famille des acantharidés dont la robe offre deux colorations différentes : la moitié inférieure du corps est plus claire que la partie supérieure striée de lignes horizontales parallèles bordées de noir, les nageoires pelviennes étant jaunes. Cette robe rayée a valu à A. lineatus *son nom commun et d'autres surnoms comme le chirurgien pyjama. Il est préférable d'introduire un seul spécimen dans l'aquarium (à moins que ce dernier soit suffisamment spacieux), les petits spécimens en particulier étant d'un naturel belliqueux. Comme les autres poissons-chirurgiens,* A. lineatus *appréciera quelques coraux et des formations rocheuses où il trouvera refuge. Originaire de l'océan Indo-Pacifique, ce poisson qui se nourrit d'algues peut atteindre 15 cm.*

À gauche : *La livrée multicolore du poisson-chirurgien rayé offre un superbe spectacle sous les feux de l'aquarium, et change parfois radicalement d'allure dans les profondeurs.*

CHIRURGIEN JAUNE • *Zebrasoma flavescens*

Ce poisson à la robe d'un jaune particulièrement vif et au profil élevé a particulièrement belle allure dans l'aquarium. Il apprécie les végétaux et dévore goulûment les feuilles de laitue qu'on lui présentera entre les pinces d'un grattoir à algues magnétique afin qu'il puisse les manger facilement.

Cette espèce ne peut en aucun cas se confondre avec l'holacante jaune *(Centropyge flavissima)*, le poisson-ange d'Herald *(C. heraldi)*, ni même la forme juvénile de l'espèce apparentée *Acanthurus pyroferus*, à cause de ses nageoires caractéristiques et de son corps plus comprimé latéralement.

La vie en aquarium

Combien dans l'aquarium ? Un.
Type d'aquarium : Communautaire.
Position dans l'aquarium : Du fond à médian.
Alimentation : Accepte la plupart des aliments, y compris carnés, mais préférera une large proportion de végétaux. Fouille sans relâche en quête de nourriture.
Compatibilité : Belliqueux avec ses congénères, il ignore généralement les invertébrés.
Disponibilité : Habituellement disponible (spécimens sauvages).
Reproduction en captivité : Pas d'informations.

Taille : 20 cm

Origine

À l'est des îles Ryukyu bien qu'elle soit plus répandue aux îles Hawaii.

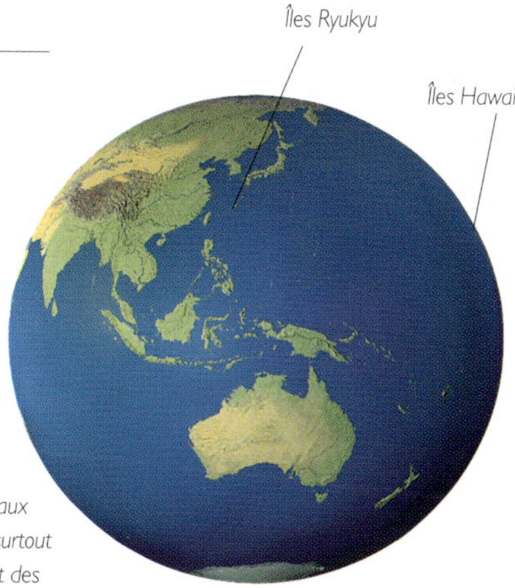

Voici un superbe spécimen de chirurgien jaune. Évitez les sujets aux corps concaves, surtout près de la tête et des régions dorsales.

CHIRURGIEN VOILÉ

ZEBRASOMA VELIFERUM

À première vue, cette espèce originaire de l'océan Indo-Pacifique rappelle le discus, un poisson d'eau douce de l'espèce Symphysodon. À y regarder de plus près, on constatera que, contrairement à la forme arrondie du discus, le corps du chirurgien voilé est plus ovale et se termine en pointe. Z. veliferum, qui atteint jusqu'à 40 cm, doit cette fausse rondeur à ses larges nageoires dorsale et anale qui longent tout le corps.

Sa robe blanc crème est zébrée de cinq ou six bandes brunes, les plus foncées étant les deux bandes antérieures qui passent sur l'œil et l'opercule. Quelques-unes de ces bandes sont en outre rayées de rouge doré sur toute la hauteur. Les nageoires reprennent en alternance un motif brun et crème formant des cercles presque concentriques autour du corps. Le pédoncule caudal est bleu clair et le scalpel bleu foncé tandis que la nageoire caudale est jaune. Les juvéniles (notre photo) à la livrée jaune, zébrée de bandes noires, fréquentent des eaux moins profondes que les adultes.

Z. veliferum apprécie une alimentation riche en végétaux, ainsi que des aliments carnés. Parfois chamailleur avec ses congénères, il ignore généralement les invertébrés.

Des mangeurs d'algues

L'introduction d'un poisson-chirurgien dans l'aquarium est le meilleur moyen d'éviter la prolifération d'algues indésirables. La présence de certaines macro-algues est cependant souhaitable, car elles éliminent les nitrates et apportent des oligoéléments.

Balistes

Les membres de la famille des balistidés se distinguent par un corps rhomboïdal et fuselé présentant de simples renflements à la place des nageoires pelviennes. Leur principale caractéristique reste cependant le système de blocage de la première des deux nageoires dorsales. Le deuxième rayon de la première nageoire dorsale bloque le premier rayon à la verticale, ce qui permet au poisson de se loger dans une crevasse où il sera imprenable, et l'empêche d'être la proie d'un prédateur (N'oubliez pas qu'il peut aussi s'empêtrer dans le filet d'un pêcheur !). Le premier rayon de la première nageoire dorsale ne peut être débloqué que par le deuxième rayon, la nageoire se replie alors dans un sillon situé sur le dos du poisson et reste ainsi hors de la vue.

Ne laissez pas les balistes en compagnie d'invertébrés qui sont leurs proies favorites dans leur habitat naturel. En captivité, ils sont assez belliqueux entre eux, il est donc préférable de n'en avoir qu'un seul spécimen dans l'aquarium. Leur nage est assez inhabituelle ; en effet, ils se propulsent par un mouvement latéral des nageoires dorsale et anale, et non par la queue. Dans leur biotope, ils s'accouplent sur le fond marin et déposent leurs œufs dans des cavités peu profondes creusées par le mâle.

Ci-dessus : *Sur le baliste-clown,* Balistoides conspicillum, *le premier rayon de la nageoire dorsale est bloquée à la verticale par son deuxième rayon. En principe, cette nageoire est repliée le long du corps.*

BALISTE-CLOWN • *Balistoides conspicillum*

Comme beaucoup d'espèces de poissons d'eau de mer, le baliste-clown arbore une livrée visant à perturber ceux qu'il rencontre. Le fond noir de la moitié inférieure du corps est couvert de grosses taches blanches ovales, tandis que la partie supérieure située juste sous la nageoire dorsale affiche une selle jaune vif. Une bande jaune vif part de l'œil, lui-même caché, jusqu'au museau, la bouche étant quant à elle d'un jaune encore plus éclatant, cerclé de blanc. Ses dents étant très acérées, il faudra manipuler ce poisson avec soin. Bien que les balistes possèdent deux nageoires dorsales indépendantes, la première est généralement repliée le long du corps dans un sillon situé juste au-dessus de la selle jaune.

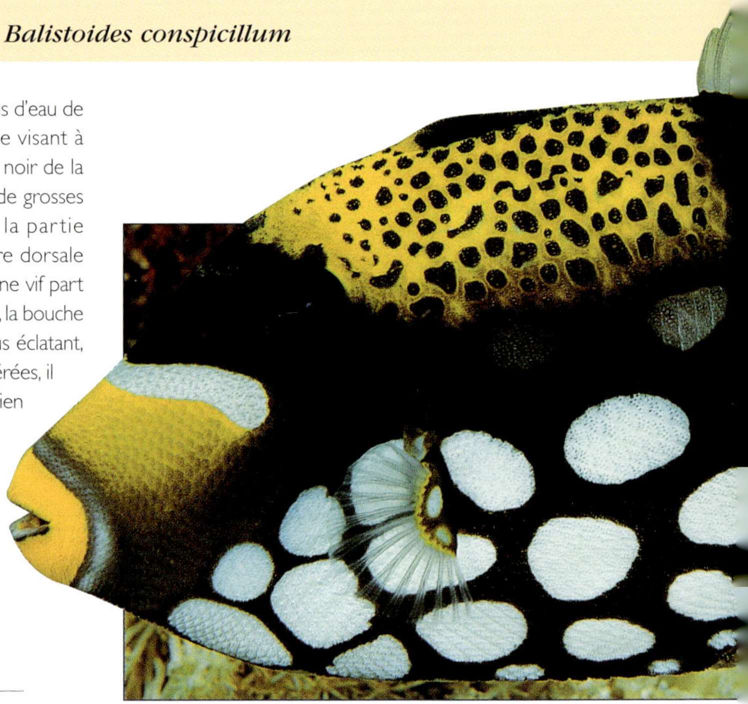

La vie en aquarium

Combien dans l'aquarium ? Un.
Type d'aquarium : Communautaire, mais avec des poissons plus gros et sans invertébrés. Il est conseillé de le laisser seul dans un bac spécifique.
Position dans l'aquarium : Du fond à médian.
Alimentation : Tous types d'aliments carnés.
Compatibilité : Territorial.
Disponibilité : Fréquemment disponible (spécimens sauvages).
Reproduction en captivité : Pas d'informations.

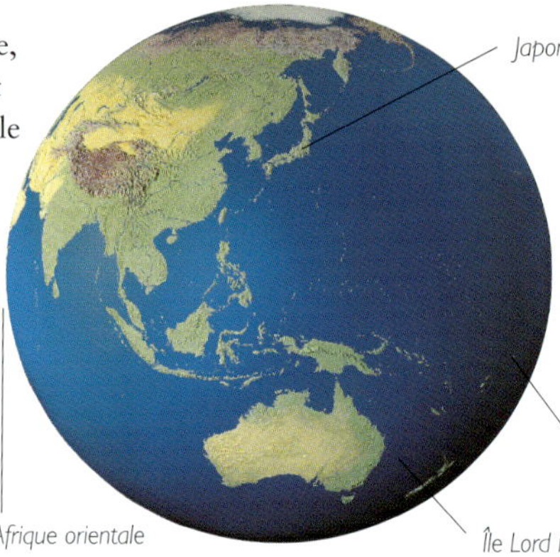

Origine

Très répandu, le baliste-clown fréquente des eaux aussi éloignées que celles qui vont de l'Afrique orientale aux îles Samoa, et du Japon à l'île Lord Howe.

Taille : *50 cm*

BALISTE BLEU

ODONUS NIGER

La robe sombre vert bleuté uni et les écailles au centre foncé de ce baliste créent un effet réticulaire. La région de la tête est parfois un ton ou deux plus pâle et la face peut présenter des lignes bleues allant du museau à l'œil. Le baliste bleu se caractérise également par des dents rouge vif, des nageoires soulignées d'un liséré bleu vif, et par une nageoire caudale souvent bien développée qui évoque une lyre. Dans son habitat naturel, cette dernière est la seule partie du poisson qui reste visible quand il a peur et qu'il plonge se mettre à l'abri dans les crevasses des coraux, ne laissant dépasser que sa queue. C'est une espèce au comportement plutôt paisible en aquarium qu'il ne faut cependant pas laisser en compagnie d'invertébrés. Le baliste bleu, qui atteint 40 cm, accepte tous les aliments carnés.

Ci-dessus : *Observez le mouvement latéral des nageoires dorsales et anale : ce sont elles qui propulsent le poisson et non la nageoire caudale.*

À droite : *Contrairement à la plupart des poissons qui se déplacent grâce à leur nageoire caudale, les balistes évoluent dans l'eau en se propulsant par un mouvement latéral des nageoires dorsales et anale.*

BALISTE-PICASSO • *Rhinecanthus aculeatus*

Avec une livrée aussi étonnante, le baliste-picasso ne peut qu'attirer les regards. Bien que la bouche soit relativement petite, les lèvres jaunes et la ligne jaune qui se prolonge de la bouche jusque derrière l'opercule donnent l'illusion qu'elle est immense, à des fins défensives, qui sait ? Le dessus de la tête est jaunâtre, tandis que la poitrine et le ventre sont blancs. La moitié inférieure du corps qui part des nageoires pectorales au pédoncule caudal est ornée de bandes en diagonale alternant le blanc et le noir. Le pédoncule caudal affiche quant à lui des lignes horizontales noires et blanches. Une rayure foncée bordée de bleu passe au-dessus de l'œil et se prolonge jusqu'à l'arrière de l'opercule, tandis que la moitié supérieure du corps est crème. Enfin, juste au-dessus des lignes diagonales se trouve une tache gris brun d'où partent des bandes brunes qui remontent jusqu'aux deux nageoires dorsales.

Malgré les apparences, la bouche du baliste-picasso est assez petite. Vous noterez la nageoire dorsale dressée, chose que l'on voit rarement.

La vie en aquarium

Combien dans l'aquarium ? Un.
Type d'aquarium : Communautaire, mais avec des poissons plus gros et sans invertébrés. Il est conseillé de le laisser seul dans un bac spécifique.
Position dans l'aquarium : Du fond à médian.
Alimentation : Tous types d'aliments carnés.
Compatibilité : Territorial.
Disponibilité : Fréquemment disponible (spécimens sauvages).
Reproduction en captivité : Pas d'informations.

Taille : 25 cm

Origine

L'océan Indo-Pacifique, de l'est de l'Afrique aux îles Hawaii et du Japon à l'île Lord Howe.

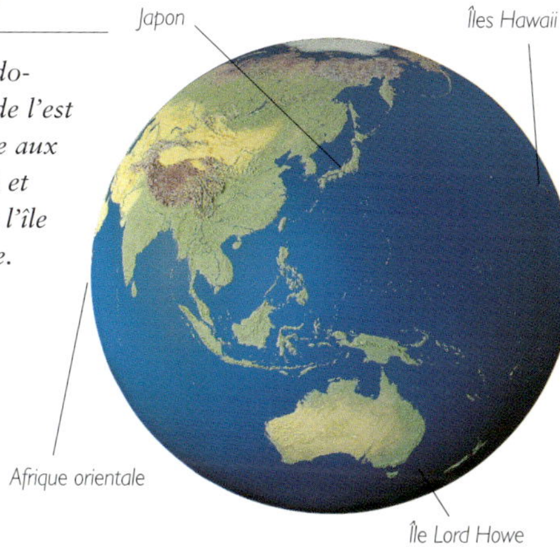

Ci-dessous : *Le frai des balistes est envisageable en aquarium si ce dernier est suffisamment spacieux.*

BALISTE ROYAL

BALISTES VETULA

Le baliste royal se caractérise par des lignes noires qui partent en rayon autour de l'œil et de grands traits bleus dans la partie située entre l'œil et la bouche. Avec le temps, l'extrémité des nageoires dorsale et caudale devient filamenteuse, surtout chez le mâle, plus grand et plus coloré que la femelle. Cette espèce à la superbe livrée se laisse parfois apprivoiser en captivité. Attention cependant quand vous nourrissez B. vetula *à la main car ses dents légèrement visibles sont très acérées. Présentez plutôt les aliments au bout d'une pique à cocktail. Le baliste royal est un prédateur vorace qui acceptera de belles portions de petits poissons congelés, de crustacés et de mollusques ainsi que les aliments congelés classiques. Originaire de l'océan Atlantique tropical, il atteint 25 cm. Ne le laissez pas en compagnie de plus petits que lui ni d'invertébrés. Bien qu'il soit paisible avec les autres espèces, il est querelleur avec les siens.*

Mérous et serrans

Les serranidés forment une grande famille, comprenant aussi bien des spécimens de taille modeste à la robe éclatante et des monstres des profondeurs aux couleurs ternes. Le corps généralement trapu et cylindrique porte des nageoires dorsales épineuses.

Nombre de ses membres sont des poissons de fond fouillant sans relâche la base des récifs coralliens, tandis que d'autres attendent, immobiles, prêts à se jeter sur le premier repas qui passe. L'inversion sexuelle est un phénomène courant, la femelle étant capable de se changer en mâle en cas de besoin, autrement dit quand le mâle dominant d'un groupe cesse de remplir sa fonction pour une raison ou une autre.

Les grands spécimens produisent une forte quantité de déchets, ce qui implique un système de filtration efficace et des changements d'eau partiels plus fréquents pour une qualité de l'eau irréprochable.

Les plus petits sujets conviennent particulièrement à l'aquarium décoratif. Parmi eux, le gramma royal et son sosie, le vanille-fraise, sont tous deux d'excellents pensionnaires pour un aquarium récifal misant sur la couleur. Si nous les avons inclus dans cette section pour des raisons pratiques, ce ne sont pas des serranidés au sens strict, mais respectivement des membres des grammidés et des pseudochromidés.

Ci-dessus : *Il n'est pas rare de voir des bancs immenses de barbiers rouges* (Pseudanthias squamipinnis) *dans leur habitat naturel. La plupart sont des femelles regroupées en harem autour de leur mâle dominant.*

MÉROU DE GRACE KELLY • *Chromileptis altivelis*

Malgré sa taille imposante, cette espèce a quelque chose de gracieux lorsqu'elle se déplace lentement dans son aquarium qui à l'évidence doit être très spacieux. Sa robe et ses nageoires blanc crème sont couverts de taches noires qui lui ont valu le surnom de mérou à pois. On l'appelle aussi le mérou bossu à cause de la petitesse de sa tête qui accentue la hauteur du profil dorsal. Les juvéniles arborent des taches noires plus grandes, qui deviennent plus petites mais plus nombreuses avec l'âge.

Dans son habitat naturel, *C. altivelis* fait le régal des prédateurs. En aquarium en revanche, et malgré sa petite bouche, on l'éloignera des petits poissons pour être plus tranquille.

Grâce à ses larges nageoires, ce poisson évoluera autour de l'aquarium avec des mouvements lents et élégants.

La vie en aquarium

Combien dans l'aquarium ? Un.
Type d'aquarium : Communautaire.
Position dans l'aquarium : Tous les niveaux.
Alimentation : Aliments préparés, y compris congelés et lyophilisés. Des poissons vivants (poissons rouges, blanchaille, etc.) pourraient lui donner l'idée de s'attaquer à ses compagnons d'aquarium.
Compatibilité : Comportement assez bien élevé avec les autres poissons de taille respectable.
Disponibilité : Fréquemment disponible (spécimens sauvages).
Reproduction en captivité : Pas d'informations.

Taille : *70 cm*

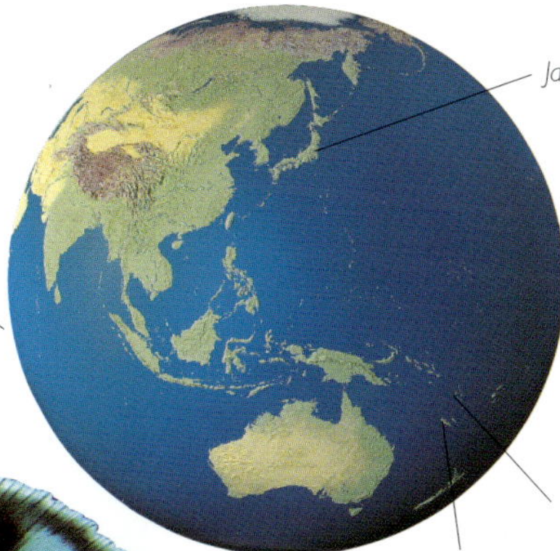

Origine

De l'est de l'Afrique à Vanuatu ; du sud du Japon à la Nouvelle-Calédonie.

POISSON-COMÈTE, BETTA DE MER

CALLOPLESIOPS ALTIVELIS

Quand on regarde ce superbe poisson particulièrement trompeur, la question est de savoir de quel côté il se présente, l'arrière de la nageoire dorsale arborant ostensiblement un ocelle. Sa livrée marron foncé est couverte de petites taches bleu clair, tandis que les nageoires très allongées rappellent celles du combattant siamois d'eau douce, Betta splendens. *La queue fait elle aussi illusion, évoquant une tête de murène, un leurre utile pour se défendre contre ses prédateurs. Originaire de l'océan Indo-Pacifique, cette espèce, qui atteint 15 cm, passe une grande partie de son temps la tête en bas, en position offensive. Nourrissez-la de petits poissons et d'aliments carnés. Bien que ce prédateur soit un choix idéal dans un aquarium d'invertébrés, restez prudents et ne le laissez pas en présence de petits poissons.*

À droite : *Quand les prédateurs se décideront enfin à attaquer, le poisson-comète aura filé depuis longtemps.*

GRAMMA ROYAL • *Gramma loreto*

De toutes les espèces peuplant les eaux de l'Atlantique tropical et des Caraïbes, voici l'un des poissons aux couleurs les plus éclatantes. Sa robe s'enorgueillit de deux couleurs très contrastées : pourpre sur la moitié antérieure et jaune lumineux sur la partie postérieure. Une fine ligne noire remonte du museau à l'œil, tandis qu'une tache noire orne l'avant de la longue nageoire dorsale. Les nageoires pelviennes et pectorales sont violettes, la nageoire caudale jaune vif, les nageoires dorsales et anale partageant quant à elles ces deux couleurs.

Gramma loreto peuple les mêmes eaux que son espèce sosie, *Liopropoma klayi*, dont la couleur violette est confinée dans la région de la tête, et qui n'arbore ni ligne noire au niveau de l'œil, ni tache sur la nageoire dorsale. Le serran nain royal est encore plus souvent confondu avec *Pseudochromis paccagnellae*, le vanille-fraise, originaire de l'Indonésie et du Pacifique. Bien qu'il porte les mêmes couleurs, celles-ci sont séparées par une fine ligne blanche, à peine visible.

La vie en aquarium

Combien dans l'aquarium ? Un, mais on pourra introduire un couple établi dans un aquarium de très grande taille.
Type d'aquarium : Communautaire.
Position dans l'aquarium : Du fond à médian.
Alimentation : Tous types d'aliments, y compris des artémias vivantes.
Compatibilité : Comportement paisible bien qu'il s'avère parfois territorial.
Disponibilité : Généralement disponible (spécimens sauvages, mais nombre d'individus nés en bac en augmentation).
Reproduction en captivité : Possible.

Ci-dessous : *G. loreto n'apprécie pas l'intrusion d'autres poissons dans le logis qu'il s'est choisi. L'idéal sera pour lui un aquarium plein de cachettes.*

Taille : *8 cm*

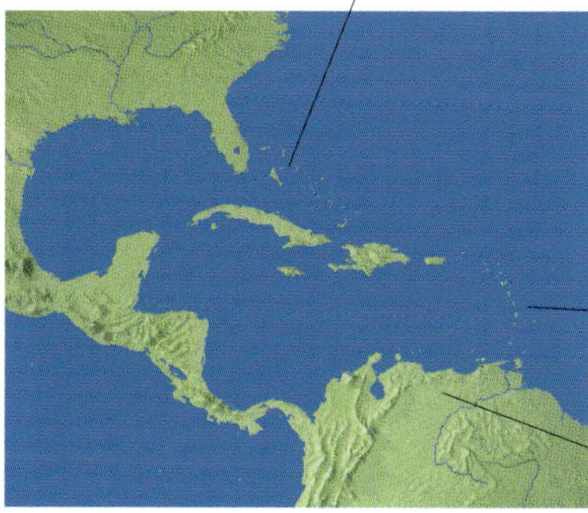

Origine

Les îles Bahamas, le Venezuela, les Petites Antilles, mais absent de la Floride.

VANILLE-FRAISE

PSEUDOCHROMIS PACCAGNELLAE

Cette espèce haute en couleurs, membre de la famille des pseudochromidés, est à peu de choses près le sosie du serran nain royal (Gramma loreto). *Elle n'est pourtant pas aussi frappante car ses nageoires dorsales et anales sont transparentes et l'œil est dépourvu de stries noires. On la reconnaît à un indice imparable : une fine ligne blanche qui sépare verticalement la moitié jaune de la moitié pourpre.* P. paccagnellae *a les mêmes habitudes que les serrans, se tenant près des pentes des récifs et évoluant lentement entre les coraux de ses eaux natales.*

Ci-dessous : G. melacara, *qui mesure jusqu'à 10 cm, est un sujet timide qui recherche les crevasses sur le récif, et se repose à l'envers, le ventre collé au plafond d'une grotte.*

Ci-dessus : *Le vanille-fraise exige les mêmes conditions que son parent, le serran nain royal, et apprécie les retraites faciles d'accès pour sa sécurité.*

FAUX POISSON DE CARMABI • *Liopropoma rubre*

Liopropoma rubre possède deux nageoires dorsales, dont la seconde, à l'instar de la nageoire anale, est dotée d'une tache noire. La nageoire caudale porte elle aussi deux zones noires sur deux lobes peu découpés qui complètent élégamment le motif rayé de la robe. Bien qu'elle soit répandue dans son habitat naturel, cette espèce au tempérament secret ne se laisse pas souvent admirer.

La vie en aquarium

Combien dans l'aquarium ? Deux ou trois.
Type d'aquarium : Communautaire.
Position dans l'aquarium : Du fond à médian.
Alimentation : Tous types d'aliments.
Compatibilité : Comportement généralement paisible.
Disponibilité : Souvent disponible (spécimens sauvages).
Reproduction en captivité : Pas d'informations.

Son corps élancé lui permet de se faufiler aisément dans les crevasses.

Les deux taches noires qui marquent les lobes de la nageoire caudale se rejoignent.

Taille : *8 cm*

À gauche : *Les plus naïfs auront du mal à débusquer le mérou rouge tapi sous un surplomb corallien, attendant le passage de son prochain repas.*

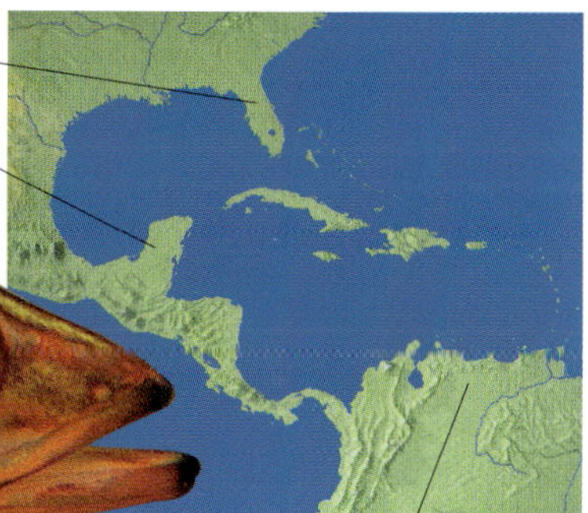

Origine

La Floride, le Yucatán et le Venezuela.

MÉROU ROUGE

CEPHALOPHOLIS MINIATUS

Le corps ainsi que les nageoires dorsale, anale et caudale de C. miniatus *sont rouge vif et couverts de taches d'un bleu lumineux tandis que les nageoires pectorales et pelviennes sont rouge uni. D'autres poissons ressemblent à cette espèce mais n'ont pas la nageoire caudale arrondie qui le caractérise. Le mérou rouge se tient souvent caché dans les cavités et sous les surplombs, privant l'aquariophile de sa superbe robe. Un aquarium spacieux et bien filtré est indispensable à cette espèce à croissance rapide qui atteint 45 cm. Peuplant les eaux de la mer Rouge au centre du Pacifique, le mérou rouge est un prédateur qui vit dans les récifs coralliens à la recherche de nourriture. En aquarium, donnez-lui des petits poissons congelés et des aliments carnés. Il est sans risque pour les invertébrés, mais ne le laissez pas avec des plus petits que lui.*

BARBIER ROUGE • *Pseudanthias squamipinnis*

Ce genre qui comprend de nombreuses espèces est très répandu en milieu naturel et compte une forte proportion de femelles qui se regroupent en harem pour un nombre de mâles beaucoup moins important. Dans le cas où le mâle dominant du groupe disparaît, l'une des femelles change de sexe et prend sa place. *Ecsenius midas*, la blennie de Midas, profite d'une coloration similaire pour se mettre en sécurité en leur compagnie.

La femelle, à la robe jaune orangé, arbore une bande rose cerise qui part de derrière l'œil et se prolonge au-delà de l'opercule. Les nageoires sont jaune d'or. La livrée du mâle est plutôt rose mauve avec une tête rougeâtre, et les nageoires sont soulignées d'un liséré mauve. La nageoire dorsale présente un troisième rayon plus allongé, les extrémités prolongées de la nageoire caudale formant quant à elles une lyre. Bien que ce soit évidemment une espèce grégaire dans son habitat naturel, il n'y aura peut-être pas assez de place dans l'aquarium pour que *P. squamipinnis* vive en paix avec un ou deux autres de ses congénères. Il sera donc préférable de n'introduire qu'un mâle solitaire ou un couple de femelles.

Surfers par nature

Cette espèce évoluant sur les pentes des récifs de coraux près des zones de surf, l'aquarium devra bénéficier de formations rocheuses appropriées mais aussi de remous suffisamment vigoureux pour que le barbier rouge se sente chez lui. Certaines références le répertorient comme un poisson souhaitable mais fragile et recommandent de le séduire avec des artémias adultes vivantes pour l'acclimater à l'alimentation en captivité.

La vie en aquarium

Combien dans l'aquarium ? Un.
Plus dans un aquarium spécifique spacieux.
Type d'aquarium : Communautaire.
Position dans l'aquarium : Tous les niveaux.
Alimentation : Tous types d'aliments, y compris les aliments carnés et les artémias adultes vivantes.
Compatibilité : À moins que le bac ne soit assez spacieux pour accueillir un banc au sein duquel la hiérarchie sera respectée, il faut s'attendre à de fréquentes altercations entre les mâles rivaux.
Disponibilité : Fréquemment disponible (spécimens sauvages).
Reproduction en captivité : Pas d'informations.

Taille : *15 cm*

À droite : *Même dans un aquarium décoratif, les barbiers rouges se rassemblent en groupes pour arpenter leur territoire. Les plongeurs en eau de mer admireront les bancs de ce poisson haut en couleurs près des épaves et des récifs.*

Chez le mâle, le troisième rayon de la nageoire dorsale se prolonge, sa nageoire caudale évoquant une lyre.

Origine

De la mer Rouge aux îles Salomon et du sud du Japon à la Nouvelle-Galles-du-Sud.

Blennies et gobies

Les membres de la famille des blenniidés et ceux de la famille des gobiidés partagent les mêmes caractéristiques. Tous sont de petite taille avec un corps cylindrique, et vivent sur les fonds marins. Le plus souvent carnivores, ils vont et viennent sans répit à la recherche de nourriture, mais sont prêts à se précipiter dans une cavité ou un empilement rocheux à la moindre menace.

À première vue, on peut les prendre pour des membres de la même famille, mais un examen plus attentif révélera des différences très nettes. Les blennies présentent généralement une nageoire dorsale assez large qui longe presque tout le dos tandis que les gobies comptent deux nageoires dorsales bien distinctes. On distingue aussi les blennies par leurs nageoires pelviennes séparées alors que chez les gobies, celles-ci sont soudées entre elles, formant une ventouse qui leur permet de s'ancrer où ils le souhaitent. Les blennies se caractérisent en outre par leurs cirres, d'étranges excroissances sur la tête évoquant des sourcils, dont les gobies sont dépourvus.

Plusieurs espèces de gobies ont d'ores et déjà été reproduites en captivité. Beaucoup de gobies vivent dans des terriers creusés dans le substrat, ils vont même parfois jusqu'à les partager avec les invertébrés. Plusieurs blennies jouent du mimétisme : certaines pour des raisons de sécurité, à l'instar de la blennie de Midas *(Ecsenius midas)*, qui se cache dans les bancs d'autres poissons, d'autres pour des motifs moins glorieux, notamment le faux-nettoyeur ou blennie à dents de sabre *(Aspidontus taeniatus)*, qui imite les poissons-nettoyeurs pour se procurer un repas rapide ! Choisissez toujours vos poissons avec soin avant l'achat.

Pour des raisons pratiques, nous avons inclus dans cette section les poissons-fléchettes de même forme que les précédents, bien que ces derniers appartiennent à la famille des microdesmidés et que, contrairement aux blennies et aux gobies, ils passent plus de temps loin du substrat de l'aquarium. On les distingue facilement par les rayons particulièrement longs de leur nageoire dorsale.

Ci-dessus : *L'éléotris décoré* (Nemateleotris decora) *offre un spectacle étonnant, ses couleurs intenses rayonnant littéralement sous les feux de l'aquarium.*

BLENNIE BICOLORE • *Ecsenius bicolor*

Le nom commun de cette espèce peut se comprendre de deux façons : comme une simple description des deux couleurs du corps ou bien en référence aux différentes phases de coloration de sa robe. Le corps est généralement bleu foncé et brun pour la moitié antérieure, la moitié postérieure étant jaune vif. Les deux sections de la nageoire dorsale continue sont de même couleur que celle de la partie du corps à laquelle elles se rattachent, tandis que les nageoires caudale et anale sont jaunes. Deux « sourcils » ou cirres recourbés apparaissent devant les yeux.

Les couleurs de la robe évoluent, passant d'un brun uni à un fond noir rehaussé de flancs inférieurs bleu argenté séparés par une bande blanche horizontale. La nageoire caudale et presque toute la moitié postérieure du corps sont jaunes. Cette robe prend d'autres couleurs pendant l'accouplement : le mâle se teinte alors d'un rouge rayé de lignes blanches, et la femelle prend une couleur jaune.

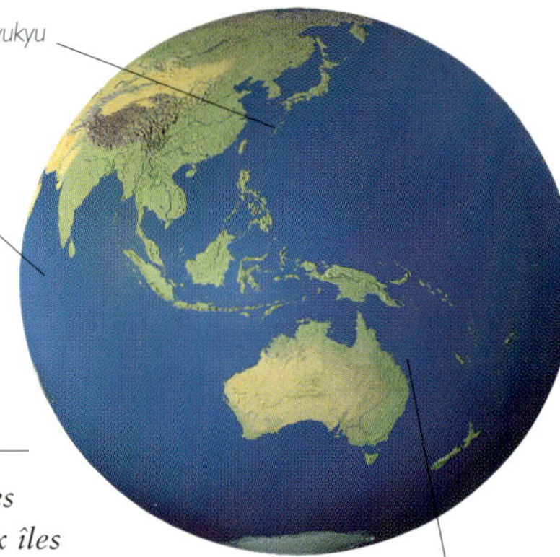

Origine

Des îles Maldives à l'est, jusqu'aux îles Ryukyu à l'ouest et, au sud, jusqu'à la Grande Barrière de Corail.

Des dents bien acérées

Lorsqu'il quitte la sécurité toute relative du substrat, ces poissons risquent peu de servir de proies, grâce à la protection de leurs canines auxquelles ils doivent également leur nom commun de blennie à dents de sabre.

Taille : *10 cm*

La vie en aquarium

Combien dans l'aquarium ? Un. Parfois plus dans un bac spécifique très spacieux.
Type d'aquarium : Aquarium communautaire avec des espèces paisibles ou bac spécifique avec de nombreuses cachettes.
Position dans l'aquarium : Substrat.
Alimentation : Tous types d'aliments.
Compatibilité : Comportement timide et paisible. Ne le laissez pas en compagnie de poissons plus gros.
Disponibilité : Généralement disponible (spécimens sauvages).
Reproduction en captivité : Pas d'informations.

Qu'il s'agisse du mâle ou de la femelle, tous deux changent de couleurs pendant la période de reproduction.

MÉLACANTHE DE SMITH

MEIACANTHUS SMITHI

Ce poisson très malin qui mesure jusqu'à 8 cm arbore une robe bleu-gris cendré rehaussée d'une nageoire dorsale bleu foncé bordée d'un liséré blanc, la nageoire anale étant bleue. Contrairement à certains membres de ce genre, la nageoire caudale striée de noire est arrondie et non en forme de lyre. Une ligne noire marginée de bleu descend de la nageoire dorsale jusqu'à l'œil.

Ce genre est beaucoup plus téméraire que la plupart des blennies : grâce à sa vessie natatoire entièrement fonctionnelle, il peut s'aventurer en pleine eau beaucoup plus facilement que ses parents vivant sur le substrat.

Très proche de cette espèce, Plagiotremus phenax, *une autre blennie possédant des canines, se distingue par sa nageoire dorsale un peu plus large et à l'avant plus arrondie, par sa nageoire anale bordée de noir et sa nageoire caudale carrée, ainsi que par l'absence de ligne au niveau de l'œil. Cette différence est importante, car si le mélancanthe de Smith est une espèce paisible, ceci est loin d'être le cas de* P. phenax.

GOBIE DE RANDALL • *Amblyeleotris randalli*

La livrée bleu-gris du gobie de Randall est ornée de sept bandes verticales rouge orangé. Les deux nageoires dorsales sont jaunes, la première portant un ocelle noir à sa base. Les nageoires pectorales, pelviennes, anale et caudale sont de même couleur que le corps.

A. randalli partage la couleur de sa robe et son motif avec plusieurs autres espèces parmi lesquelles le gobie de Steinitz *(A. steinitzi)*, lequel présente une tache noire au-dessus de la bouche et une nageoire dorsale dépourvue d'ocelle, mais aussi le gobie de Magnus *(A. sungami)*, aux nageoires transparentes, qui ne porte aucune tache noire.

Le gobie grimé

*Les membres de cette espèce vivent dans des terriers qu'ils partagent avec une crevette du groupe des alphéidés. Ces invertébrés étant généralement aveugles ou déficients visuels, cette association fonctionne assez bien : la crevette creuse le trou pendant que le poisson surveille. La livrée crème d'*Amblyeleotris guttata *(ci-dessous) est mouchetée de taches brun rougeâtre qui s'étendent jusqu'aux nageoires dorsales, anale et caudale.*

La vie en aquarium

Combien dans l'aquarium ? Un.
Type d'aquarium : Communautaire ou bac spécifique avec un substrat assez profond pour y creuser un terrier.
Position dans l'aquarium : Substrat.
Alimentation : Aliments carnés.
Compatibilité : Comportement paisible.
Disponibilité : Souvent disponible (spécimens sauvages).
Reproduction en captivité : Pas d'informations.

Taille : *9 cm*

Origine

Des Moluques à l'est jusqu'aux îles Salomon, des îles Ryukyu au sud jusqu'à la Grande Barrière de Corail.

GOBIE À TRAIT BLEU

VALENCIENNEA STRIGATA

À première vue, le joli corps bleu et la tête jaune de cette espèce ressemblent à la robe de l'opistognathe à tête jaune (Opistognathus aurifrons). La présence de deux nageoires dorsales (la première portant souvent des rayons étendus chez les adultes) permet de classer ce poisson parmi les gobies, la ligne bleu vif qui remonte en diagonale jusqu'à l'opercule constituant un autre trait distinctif.

En milieu naturel, l'une des caractéristiques de ce genre qui creuse son terrier sans l'aide de crevettes est sa manie de grignoter le substrat, passant les particules au crible à la recherche de crustacés et de vers microscopiques. Le gobie à trait bleu, qui préfère un aquarium communautaire tranquille ou un bac spécifique, mesure jusqu'à 18 cm.

Considérée comme une espèce sédentaire, V. strigata se classe généralement parmi les gobies dormeurs, un groupe de gobies autrefois répertorié sous le nom d'éléotridé. Il semble en outre que les spécimens de ce genre communiquent par des mouvements buccaux, mais on ne sait pas encore si ces signaux sont audibles ou s'il ne s'agit que de signes visibles.

GOBIE DE RAINFORD • *Amblygobius rainfordi*

Cette espèce ressemble beaucoup au faux poisson de Carmabi, *Liopropoma rubre* (page 156), par ses couleurs, mais le fond de sa robe est jaune verdâtre et les rayures horizontales sont beaucoup plus fines. Le gobie de Rainford compte deux ocelles sombres, l'un à la base de la seconde nageoire dorsale, l'autre à l'extrémité supérieure de la nageoire du pédoncule caudal. La première nageoire dorsale et les nageoires anale, pectorales et pelviennes sont transparentes. La tête est moins arrondie que celle de *L. rubre* et la symétrie de ces profils dorsal et ventral laisse supposer qu'il passe autant de temps en pleine eau que dans le substrat.

Gobie à bandes brunes

*Le corps très fuselé d'*Amblygobius phalaena *affiche une robe gris verdâtre traversée de bandes verticales où alternent le brun et le blanc. Mesurant jusqu'à 15 cm,* A. phalaena *peuple les eaux à l'ouest de l'océan Pacifique, de Sumatra à la Grande Barrière de Corail et à la Nouvelle-Galles-du-Sud.*

La vie en aquarium

Combien dans l'aquarium ? Un.
Type d'aquarium : Communautaire ou bac spécifique avec un substrat assez profond pour y creuser un terrier.
Position dans l'aquarium : Du fond à médian.
Alimentation : Aliments carnés.
Compatibilité : Comportement paisible.
Disponibilité : Souvent disponible (Spécimens sauvages).
Reproduction en captivité : Pas d'informations.

Taille : *6,5 cm*

Origine

Des Philippines à l'ouest jusqu'au nord-ouest de l'Australie et à la Grande Barrière de Corail.

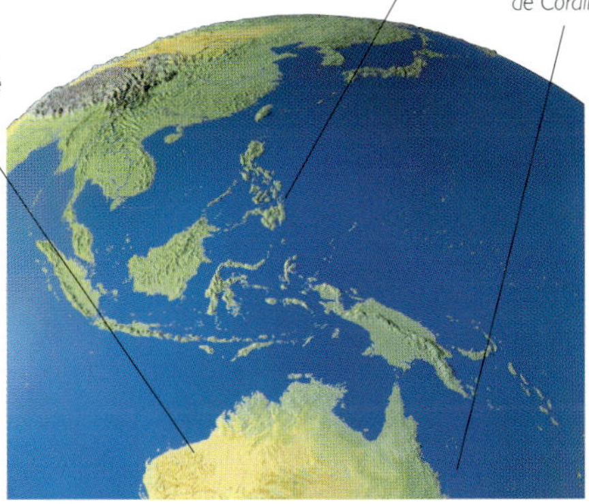

GOBIE CITRON

GOBIODON CITRINUS

Comme son nom commun l'indique, les nageoires et le corps sont jaune citron à l'exception de la région dorsale un peu plus foncée. Cette teinte unie est cependant rehaussée d'éclatantes lignes bleu électrique soulignant la base des nageoires dorsales et anale. Deux lignes de même couleur descendent verticalement à l'avant du corps, jusqu'à l'arrière de l'opercule, et deux autres partent de l'œil vers la poitrine. La couleur de sa robe est variable et l'on a déjà répertorié des spécimens entièrement verts ou bruns.

Gobiodon citrinus *se distingue par deux caractères. Contrairement à la plupart des gobies, ce n'est pas une espèce de fond et il préfère passer son temps dans les branches des coraux de récif, un comportement qui lui a valu son autre nom de gobie corail. D'autre part, il se protège contre les prédateurs par la couche de mucus amer qui recouvre sa peau. Cette espèce paisible accepte tous les aliments et mesure jusqu'à 6,5 cm.*

GOBIE-NETTOYEUR BLEU • *Gobiosoma oceanops*

Malgré le nombre croissant de nouveaux gobies disponibles en aquariophilie, le nettoyeur bleu fait peut-être figure de vétéran mais n'en demeure pas moins l'un des plus populaires.

Sa livrée bleu foncé, blanche sous le ventre, est rehaussée d'une ligne bleu électrique qui va du museau jusqu'à la queue, un motif simple mais séduisant. Cette espèce qui fait partie des gobies nettoyeurs se distingue des espèces similaires par l'espace situé entre les deux lignes bleues sur le museau. Chez les autres espèces, ces lignes se rejoignent ou sont reliées par un trait.

En milieu naturel, *G. oceanops* se tient immobile dans les cavités et les crevasses, attendant son déjeuner ou éventuellement un candidat au nettoyage. Sa couleur rappelle celle du labre nettoyeur *(Labroides dimidiatus)*, et l'on raconte qu'il lui arrive de « nettoyer » la main des plongeurs.

Résistant, facile à entretenir et à nourrir, bien que le gobie-nettoyeur bleu fasse un excellent sujet en aquarium, sa vie est hélas de courte durée. Si vous souhaitez en profiter un certain temps, mieux vaut acheter plusieurs juvéniles au lieu d'un ou deux spécimens adultes.

Origine

Océan Atlantique Ouest dans les eaux de la Floride, du Belize et du Honduras.

La vie en aquarium

Combien dans l'aquarium ? Deux à trois.
Type d'aquarium : Communautaire tranquille ou bac spécifique avec des cavités rocheuses.
Position dans l'aquarium : Substrat.
Alimentation : Tous types d'aliments.
Compatibilité : Comportement paisible. S'avère parfois téméraire avec des poissons plus gros que lui.
Disponibilité : Généralement disponible (nés en captivité).
Reproduction en captivité : Espèce reproduite en aquarium depuis longtemps.

Taille : *5 cm*

Reproduction

Cette espèce est l'une des premières reproduites en captivité. La femelle dépose ses œufs dans les trous des rochers, dans les tubes vides des vers *Eudistylia polymorpha*, dans les tuyaux en plastique à sa portée ou sur toute surface ferme. Les mâles assurent ensuite la surveillance. Quand les alevins commencent à nager, quelques mois leur suffisent pour atteindre leur taille adulte.

GOBIE DE CATALINA

LYTHRYPNUS DALLI

À le voir, on comprend aisément pourquoi ce gobie aux couleurs somptueuses est depuis toujours un favori des aquariums. Sa robe rouge feu est ornée de bandes verticales d'un bleu éclatant et les premiers rayons de la première nageoire dorsale sont assez longs. L. dalli *est assez proche de l'espèce similaire* L. pulchellus, *mais le rouge de cette dernière est moins soutenu et les bandes verticales plus nombreuses. Le gobie de Catalina, qui accepte des aliments carnés mais préfère les petites proies vivantes, atteint 5,7 cm. D'un tempérament paisible, il s'avère parfois territorial avec ses congénères.*

En terme d'espérance de vie, on peut dire que L. dalli *s'apparente à de nombreux killies d'eau douce qui vivent à peine plus d'un an. Son habitat naturel, plus au nord, étant relativement éloigné de celui de la plupart des espèces tropicales d'eau de mer, il n'a pas besoin d'une eau aussi chaude en aquarium, ce qui raccourcirait encore plus sa durée de vie. Ce poisson a déjà été reproduit en captivité.*

GOBIE DE FEU POURPRÉ • *Nemateleotris decora*

Il n'est pas étonnant que ce genre soit devenu si populaire. Les couleurs de ces poissons sont tout simplement stupéfiantes (et leur ardeur à les exhiber). Le corps cylindrique jaune crème est encadré de nageoires rouges et violettes, tandis que les premiers rayons de la nageoire dorsale antérieure sont dressés en permanence à la manière d'un étendard. Le masque violet qui lui couvre le front est relié à cette dernière par une fine ligne soulignant l'arête dorsale.

Ce poisson à l'instinct grégaire évolue en pleine eau avec ses semblables, laissant les courants lui apporter sa nourriture, mais a aussi besoin de refuges pour se mettre immédiatement à l'abri en cas de menace. Un aquarium décoré de pierres est donc la condition première pour que ces superbes spécimens s'établissent en captivité.

La vie en aquarium

Combien dans l'aquarium ?
Deux à trois.
Type d'aquarium : Communautaire tranquille ou bac spécifique.
Position dans l'aquarium :
Du fond à médian.
Alimentation :
La plupart des aliments carnés.
Compatibilité : Timide et paisible.
Disponibilité : Généralement disponible (spécimens sauvages).
Reproduction en captivité :
Pas d'informations.

Origine

De l'île Maurice à l'est jusqu'aux Maldives, des îles Ryukyu au sud jusqu'à la Nouvelle-Calédonie.

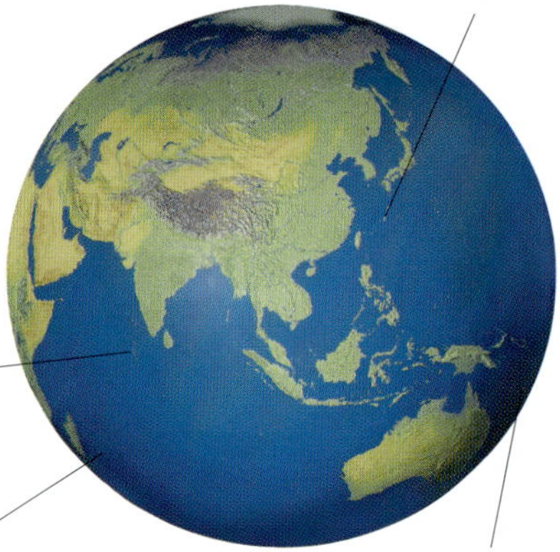

Taille : *9 cm*

Son corps élancé lui permet de se faufiler en un clin d'œil dans les cavités.

Leur longue nageoire dorsale est l'un des traits distinctifs de cette espèce.

À gauche : N. magnifica *(7 cm) porte une nageoire dorsale plus longue que* N. decora. *Les membres de cette espèce évoluent seuls, par deux ou en groupes sur une aire de distribution très étendue.*

Poissons-coffres, poissons-vaches et poissons-ballons

Ce groupe de poissons comprend plusieurs familles que nous avons réunies pour des raisons pratiques, car la forme de leur corps est semblable et leurs caractéristiques physiques analogues.

Leur intérêt réside surtout dans leur apparence extérieure. Les poissons-coffres et les poissons-vaches sont recouverts de plaques osseuses qui forment un exosquelette. Les poissons-ballons présentent quant à eux deux particularités : des épines érectiles et la capacité de se gonfler d'eau pour décourager leurs ennemis. Certains membres de ce groupe sont même capables de se défendre quand ils sont menacés ou stressés en libérant dans l'eau les toxines qu'ils sécrètent. Manipulez-les avec soin, et ne laissez qu'un sujet par sac au moment du transport. Attention, si ce poisson venait à mourir sans que vous vous en rendiez compte, les toxines libérées par le cadavre pourraient décimer tous les occupants du bac.

Malgré tous ces avertissements, ne croyez pas que ces poissons ne soient pas les bienvenus dans l'aquarium. Au contraire, ils seront vite apprivoisés et ne mettront pas longtemps à connaître l'heure du repas. Du fait de leur taille adulte, seuls les juvéniles sont disponibles dans le commerce, ce qui n'est pas une mauvaise chose pour les aquariophiles aux aquariums de dimensions modestes (sans invertébrés !).

Ci-dessous : *Les poissons-vaches sont des créatures à l'aspect plutôt étrange, encore plus quand on les regarde de face ! Restez un moment devant la vitre de l'aquarium, et ils finiront tout doucement par s'approcher.*

POISSON-VACHE À LONGUES CORNES • *Lactoria cornuta*

Si de nombreux poissons d'aquarium sont choisis pour leur aspect étrange, aucun n'est aussi curieux que le poisson-vache à longues cornes. Il s'agit d'un poisson qui possède sous la peau une carapace externe composée de plaques osseuses rigides. La seule partie du corps qui semble en mesure de se développer est celle qui émerge du pédoncule caudal. Cette espèce doit son nom commun aux deux « cornes » qui se dressent sur sa tête carrée au front très incliné et dotée d'une mâchoire terminale. Tout en bas de la tête, la bouche est idéalement située pour se nourrir des invertébrés sur le substrat. Le poisson les déloge en propulsant un jet d'eau avec la bouche avant de les saisir au vol.

La vie en aquarium

Combien dans l'aquarium ? Un.
Type d'aquarium : Bac spécifique ou communautaire avec des compagnons très paisibles, évoluant lentement.
Position dans l'aquarium : Du fond à médian.
Alimentation : Presque tous les aliments, avec un apport en végétaux et quelques crustacés qui l'empêchent d'avoir des dents trop longues.
Compatibilité : Ne pas laisser en compagnie de petits poissons ou d'invertébrés.
Disponibilité : Fréquemment disponible (spécimens sauvages).
Reproduction en captivité : Pas d'informations.

Taille : 45 cm

Origine

De la mer Rouge aux îles Marquises et aux îles Tuamotu, en Corée du Sud, au sud du Japon, jusqu'à l'île Lord Howe.

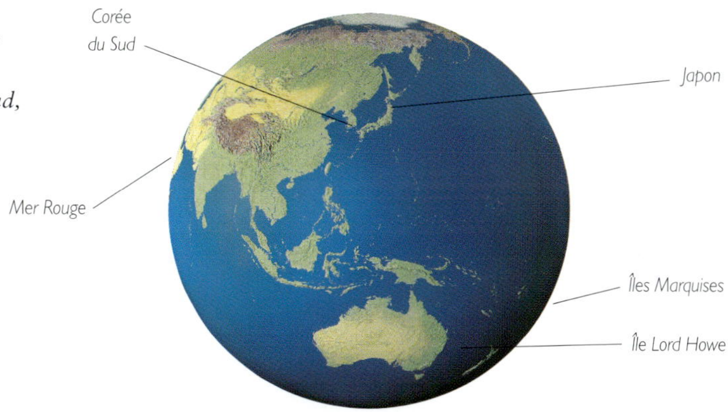

À droite : *Ce profil offre une belle vision de la bouche de ce poisson fascinant. C'est avec cet organe qu'il déloge les invertébrés du substrat.*

POISSON-COFFRE PINTADE • *Ostracion meleagris*

Cette espèce a beaucoup prêté à confusion jusqu'à ce que l'on réalise que la différence de livrée n'impliquait pas qu'il s'agissait de plusieurs espèces mais tout simplement du mâle et de la femelle.

Le mâle arbore la plus belle des deux robes avec deux parties bien délimitées par une ligne jaune. La surface dorsale est noire, la partie sous la ligne jaune est bleue et le corps (à l'exception de la tête bleue) est moucheté de points jaunes cerclés de noir. Dépourvu de nageoires pelviennes, le poisson-coffre pintade se propulse uniquement par la nageoire dorsale située à l'arrière et par la nageoire anale. La femelle s'habille d'une livrée noire tachetée de blanc.

En milieu naturel, cette espèce se nourrit d'éponges et d'invertébrés de fonds.

Le mâle affiche une robe à double motif. Celle de la femelle (en bas) est tachetée uniformément.

Taille : *16 cm*

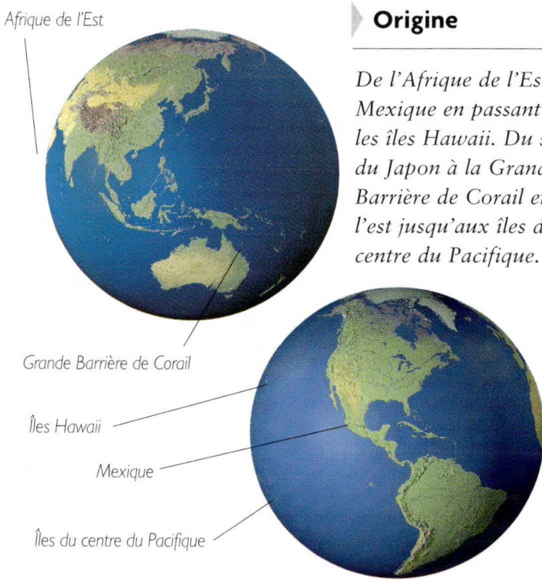

Origine

De l'Afrique de l'Est au Mexique en passant par les îles Hawaii. Du sud du Japon à la Grande Barrière de Corail et à l'est jusqu'aux îles du centre du Pacifique.

POISSON-COFFRE JAUNE

OSTRACION CUBICUS

Les jeunes spécimens de cette espèce originaire de la mer Rouge et des régions tropicales de l'océan Indo-Pacifique ressemblent à un petit dé jaune. Les taches noires ostentatoires qui se détachent sur un fond jaune peuvent servir d'avertissement aux prédateurs. Quand ils attaquent ou sont effrayés, ces poissons sécrètent une ostracitoxine venimeuse qu'ils libèrent dans l'eau. Les adultes, qui mesurent jusqu'à 18 cm, perdent peu à peu l'éclat de leur livrée qui vire au brun terne. Relativement facile à élever, O. cubicus *apprécie presque tous les aliments. On prendra soin cependant de ne pas le stresser lors de l'introduction en aquarium afin qu'il ne sécrète pas son venin qui décimerait les autres occupants, et lui avec. Pour cette même raison, il ne peut cohabiter avec des poissons agressifs ou turbulents.*

La vie en aquarium

Combien dans l'aquarium ? Un.
Type d'aquarium : Bac spécifique ou communautaire avec des compagnons paisibles évoluant lentement.
Position dans l'aquarium : Du fond à médian.
Alimentation : Presque tous les aliments, avec un apport en végétaux et quelques crustacés qui l'empêchent d'avoir des dents trop longues.
Compatibilité : Ne pas laisser en compagnie d'invertébrés ou de petits poissons.
Disponibilité : Fréquemment disponible (spécimens sauvages).
Reproduction en captivité : Pas d'informations.

POISSON PORC-ÉPIC RAYÉ • *Chilomycterus schoepfi*

La forme du poisson porc-épic rayé rappelle une goutte d'eau qui s'étire, le dos large est légèrement aplati et les yeux sont portés en haut de la tête. Le corps jaune est marbré de lignes brun foncé et plusieurs ocelles noirs sont répartis sur la robe. Les épines sont érigées en permanence pour éloigner les prédateurs, ce qui lui est particulièrement utile car, contrairement aux autres membres de son groupe, *C. shoepfi* n'a pas la capacité de se gonfler. C'est un sujet qu'on ne voit pas souvent dans les magasins d'aquariophilie.

Origine

Répandu en Floride (et parfois plus au nord), et dans les eaux côtières au sud du Brésil (sauf dans les îles Caraïbes).

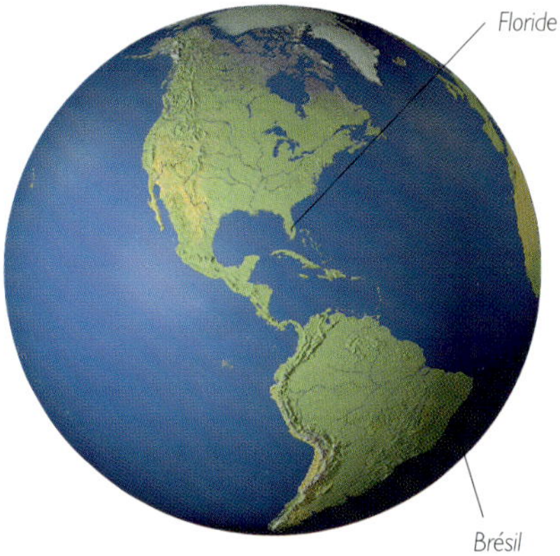

Le corps relativement plat du poisson porc-épic rayé lui permet de se faufiler facilement dans les grottes et les crevasses étroites.

Taille : *50 cm*

Ci-dessus : *Ses épines sagement couchées sur le dos se redresseront à la moindre alerte, offrant à* Diodon holocanthus *un bouclier ne manquant pas de piquant.*

POISSON-HÉRISSON

Diodon holocanthus

*Le corps de couleur jaunâtre est blanc sur le ventre. Plusieurs bandes noires assez courtes ornent la robe dans la largeur tandis qu'une bande beaucoup plus longue couvre l'œil et l'opercule. Les nageoires dorsale, anale et caudale sont jaunes. Les diodontidés se caractérisent par leurs deux dents de devant soudées sur chaque mâchoire (*diodon *signifiant deux dents) ; celles-ci forment un bec osseux qui sert à broyer les carapaces des invertébrés.* D. holocanthus, *qui est un piètre nageur, est doté de grands yeux, car il se nourrit plus la nuit que le jour.*

Attention : le problème avec tous les poissons « gonflables », c'est qu'ils risquent de se gonfler d'air au lieu de se gonfler d'eau, notamment quand on les sort de l'aquarium. Auquel cas, il leur sera très difficile de se dégonfler ensuite.

Le poisson-hérisson, qui mesure jusqu'à 50 cm, fréquente les mers chaudes du monde entier. Offrez-lui un bac spécifique ou bien des compagnons se déplaçant lentement dans un aquarium communautaire, mais bannissez alors les plus petits que lui et les invertébrés. Nourrissez-le comme le poisson porc-épic rayé.

La vie en aquarium

Combien dans l'aquarium ? Un.
Type d'aquarium : Bac spécifique, ou bac communautaire avec des compagnons très paisibles évoluant lentement.
Position dans l'aquarium : Du fond à médian.
Alimentation : Presque tous les aliments, avec un apport en végétaux et quelques crustacés qui l'empêchent d'avoir des dents trop longues.
Compatibilité : Ne pas laisser en compagnie de petits poissons ou d'invertébrés.
Disponibilité : Fréquemment disponible (spécimens sauvages).
Reproduction en captivité : Pas d'informations.

À manipuler avec soin

Le stress provoque chez tous les poissons porcs-épics la sécrétion d'une toxine qui conduit à leur autodestruction. Évitez de les attraper avec une épuisette à cause des épines, et de les exposer à l'air car ils pourraient se gonfler. Préférez un sac plastique rempli d'eau.

CANTHIGASTER À SELLES • *Canthigaster valentini*

Le corps blanc de ce poisson affiche un motif inhabituel. Le dos est orné de quatre triangles noirs partant de la tête jusqu'au pédoncule caudal, les deux triangles du milieu descendant le long des flancs jusqu'au ventre. La deuxième moitié du corps est mouchetée de taches brun jaunâtre, la nageoire caudale est soulignée de noir sur le bord supérieur et inférieur.

Aussi originale qu'elle puisse paraître, sa livrée n'est pas réservée à cette espèce. *Paraluteres prionurus*, le monacanthe à selles noires, présente exactement le même motif, à l'exception de la nageoire caudale qui n'est pas rehaussée de noir.

Les mâles s'entourent d'un harem de femelle avec qui ils s'accouplent tour à tour à intervalles réguliers. Les œufs sont ensuite déposés dans un nid d'algues.

Chez C. valentini, *les triangles noirs descendent beaucoup plus sur les flancs que chez l'espèce similaire* Canthigaster coronata.

La vie en aquarium

Combien dans l'aquarium ? Un.
Type d'aquarium : Bac spécifique, ou bac communautaire avec des compagnons très paisibles évoluant lentement.
Position dans l'aquarium : Du fond à médian.
Alimentation : Presque tous les aliments, avec un apport en végétaux et quelques crustacés qui l'empêchent d'avoir des dents trop longues.
Compatibilité : Ne pas laisser en compagnie de petits poissons ou d'invertébrés.
Disponibilité : Fréquemment disponible (spécimens sauvages).
Reproduction en captivité : Pas d'informations.

Taille : *10 cm*

Origine

Très répandu, y compris de la mer Rouge aux îles Tuamotu, et du sud du Japon à l'île Lord Howe.

CANTHIGASTER PAON

CANTHIGASTER SOLANDRI

Originaire de l'océan Indo-Pacifique et de la mer Rouge, ce poisson s'enorgueillit d'une livrée spectaculaire avec un corps brun doré et une nageoire caudale couverte de petites taches pâles qui laissent la place sur le haut du corps à des lignes bleues, une grande tache noire cerclé de blanc ornant la base de la nageoire dorsale. Dépourvu de nageoires pelviennes, ce poisson se déplace en outre avec la nageoire caudale repliée. En aquarium, C. solandri est de tempérament paisible, sauf en présence de ses congénères. Ne le laissez pas non plus en compagnie d'invertébrés qu'il dévorerait. Donnez-lui des aliments carnés finement hachés. Le canthigaster paon atteint 5 cm.

Ci-dessus : Ne donnez pas au paon l'occasion de parader et de se gonfler d'orgueil. Transférez-le dans un sac plastique rempli d'eau au lieu de l'exposer à l'air dans une épuisette.

Autres espèces marines

La dernière partie de ce livre présente des poissons issus de familles différentes. Les poissons-cardinaux (apogonidés) sont parfaits en aquarium ; peu exigeants, ils s'adaptent facilement aux conditions de vie et à l'alimentation de leur nouveau milieu. Ces poissons se caractérisent par deux nageoires dorsales distinctes. Les poissons-faucons (cirrhitidés) adorent se percher sur les affleurements rocheux à l'affût de la première proie venue, un comportement typique des espèces dépourvues de vessie natatoire. Mais attention, si les poissons-faucons s'établissent rapidement en captivité, ils se montrent querelleurs entre eux.

Les mouvements lents des rascasses (scorpénidés) n'induisent qu'une sérénité de façade. Grâce à leur bouche immense, elles ne feront qu'une bouchée de leur proie et la moindre piqûre de leurs épines venimeuses paralysera sérieusement l'aquariophile imprudent. Ces poissons étant d'un naturel actif à l'aube et au crépuscule, mieux vaut un aquarium faiblement éclairé. Les poissons-limes (monacanthidés) portent deux nageoires dorsales, la nageoire postérieure servant à la propulsion avec la nageoire anale. Leur peau est rugueuse au toucher, ce qui pose souvent des problèmes dans les filets. Utilisez plutôt un sac plastique pour les capturer.

Les opistognathes (opistognathidés) préfèrent un aquarium relativement calme, avec des compagnons paisibles, et un substrat mou dans lequel ils pourront creuser leur terrier. Ces poissons nagent en général à la verticale, la queue vers le bas, près de l'entrée de leur abri où ils se réfugieront, en nageant à reculons, à la vitesse de l'éclair. Les dragonnets (callionymidés) sont difficiles à discerner sur le substrat où ils ont élu domicile en permanence ; ils exigent en outre de copieuses quantités de nourriture. Ne les élevez pas avec des sujets de grande taille qui sortiraient toujours vainqueurs dans la course aux aliments.

Ci-dessus : *La rascasse volante* (Pterois volitans), *aux épines gorgées de venin, est une vedette des aquariums publics où la grâce de ses déplacements cache un motif moins poétique : la recherche de nourriture.*

POISSON-CARDINAL DE L'ÎLE DE BANGGAI • *Pterapogon kauderni*

Il arrive de temps en temps que les aquariophiles tombent immédiatement sous le charme d'une espèce comme cela a été le cas pour le poisson-cardinal de l'île de Banggai avec sa superbe livrée noire et argentée, qui rappelle étrangement *Pterophyllum scalare*, le poisson-ange d'eau douce, à un ou deux motifs supplémentaires près. Les parties supérieures et inférieures du pédoncule caudal sont ornées d'une bande noire ponctuée de blanc qui se prolonge jusqu'à la nageoire caudale. Les grandes nageoires pelviennes et la nageoire anale semblent le reflet des deux nageoires dorsales, distinctes, tandis que tout le corps est moucheté de points blancs.

Découvert en 1990 dans l'île de Banggai aux Célèbes en Indonésie, ce poisson s'avère étonnamment docile en captivité, et de nombreux aquariums publics l'ont d'ores et déjà reproduit (les *P. kauderni* sont des incubateurs buccaux). Dans peu de temps, des sujets nés en bac pourront alimenter le marché, laissant les spécimens sauvages évoluer dans leur habitat naturel sans la menace du prédateur humain. Sachant cela, on ne s'étonnera pas que leur reproduction en aquarium décoratif soit en plein essor.

La vie en aquarium

Combien dans l'aquarium ? Deux ou trois.
Type d'aquarium :
Spécifique ou communautaire mais pas avec de gros spécimens.
Position dans l'aquarium :
Du fond à médian.
Alimentation : Tous les aliments carnés, frais ou congelés, et des artémias vivantes.
Compatibilité : Comportement paisible. Parfois un peu belliqueux entre eux.
Disponibilité : Introduction récente mais se trouve en abondance. (Spécimens sauvages. Sujets nés en captivité bientôt disponibles).
Reproduction en captivité :
Régulièrement dans les aquariums publics et de plus en plus dans les bacs d'amateurs.

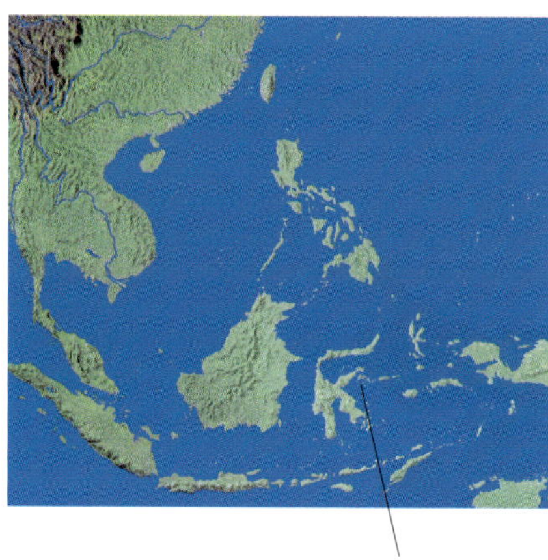

Île de Banggai

Origine

Île de Banggai au large des Célèbes en Indonésie.

Taille : *8 cm*

Ces taches blanches ne sont pas les symptômes d'une maladie mais des éléments décoratifs naturels.

Ci-dessus : *Une mâchoire carrée et profonde indique généralement que le mâle est en train d'incuber un nouveau contingent d'œufs dans sa gorge.*

La reproduction des poissons-cardinaux de l'île de Banggai

S'il est effectivement possible de trouver un couple déjà formé, il est préférable de se procurer un petit groupe de ces poissons et d'espérer qu'un mâle et une femelle vont s'accoupler.

Les œufs sont produits et fertilisés à la manière des déposeurs d'œufs et sont ensuite transférés dans la bouche du mâle pour l'incubation. Après l'éclosion, les alevins demeurent dans la bouche du père qui les protège des prédateurs. Lorsqu'ils en émergent, ce sont déjà de petites copies conformes des adultes, qui recherchent immédiatement la protection des oursins à longues épines (espèce Diadema*) avec lesquels ils s'associent en milieu naturel. L'aquariophile n'est pas obligé d'introduire des oursins dans le bac pour élever cette espèce avec succès. En l'absence d'oursins, mieux vaudra cependant séparer les juvéniles des adultes, du moins jusqu'à ce qu'ils atteignent une taille respectable, les faux oursins donnant parfois de bons résultats. En l'absence d'oursins, il arrive que les juvéniles se protègent dans les anémones.*

Les alevins d'artémias et de petites crevettes mysis finement hachées feront l'ordinaire des jeunes sujets. Plus grands, on leur donnera des morceaux plus gros.

Un bac de reproduction de 90 litres suffira pour multiplier cette espèce et les espèces similaires, du fait de la toute petite taille de la progéniture et parce qu'il est facile de séparer les adultes des juvéniles par une grille qui n'entravera pas la circulation de l'eau dans le bac.

POISSON-PYJAMA • *Sphaeramia nematoptera*

Cette espèce partage avec la précédente une silhouette trapue et renflée, avec un profil dorsal et ventral très convexe. Sa robe doit son originalité au fait que la moitié postérieure du corps tacheté de points noirs est séparée de la partie antérieure unie par une large bande verticale brun foncé. La nageoire dorsale antérieure est elle aussi décorée et les grandes nageoires pelviennes affichent une teinte jaunâtre bordée d'un liséré blanc. Indice d'une activité nocturne, son œil est grand. Cerclé de rouge, il est traversé de deux bandes blanches verticales.

Origine

De Java à la Papouasie-Nouvelle-Guinée, des îles Ryukyu au sud jusqu'à la Grande Barrière de Corail.

La vie en aquarium

Combien dans l'aquarium ?
Deux ou trois.
Type d'aquarium :
Spécifique ou communautaire mais pas avec de gros spécimens.
Position dans l'aquarium :
Tous les niveaux.
Alimentation : Tous les aliments carnés, frais ou congelés, et des artémias vivantes.
Compatibilité :
Comportement paisible. Timide mais parfois un peu belliqueux entre eux.
Disponibilité : Souvent disponible (spécimens sauvages).
Reproduction en captivité :
Pas d'informations, mais il est possible qu'elles n'aient pas été répertoriées.

Taille : *8 cm*

Le poisson-pyjama se distingue par une livrée originale composée de plusieurs motifs.

CARDINAL À LIGNES JAUNES

APOGON CYANOSOMA

Comme l'indique son nom commun, le corps fuselé de ce poisson-cardinal aux grands yeux affiche cinq à six lignes horizontales jaunes le long des flancs. Vu de profil, les nageoires pectorales, pelviennes et la première des deux dorsales sont alignées verticalement. Toutes les nageoires sont transparentes. Très proche en apparence, Apogon nitidus *fréquente pratiquement la même aire de distribution (de la mer Rouge aux îles Marshall et du sud du Japon à la Grande Barrière de Corail), mais chez ce dernier les zones jaunes sont mâtinées de brun et une ligne noire souligne l'arête dorsale jusqu'à la nageoire caudale.*

D'un tempérament paisible, voire timide, le cardinal à lignes jaunes n'ennuiera pas les autres pensionnaires. Évitez cependant les gros poissons dans l'aquarium communautaire. A. cyanomosa *accepte tous les aliments carnés, frais ou congelés, ainsi que des artémias vivantes et atteint 8 cm.*

POISSON-FAUCON À LONG NEZ • *Oxycirrhites typus*

Il fut un temps où ce poisson était la seule et unique espèce proposée dans les boutiques d'aquariophilie. Le poisson-faucon à long nez est facilement reconnaissable avec sa mâchoire et son long museau pointus et sa robe à carreaux blancs bordés de rouge. La partie antérieure de sa longue nageoire dorsale se compose d'épines prolongées par de petites excroissances, souvent bien visibles. Ces prolongements du nom de cirres ont donné leur nom au genre auquel il appartient, les cirrhitidés.

Comme plusieurs autres dans ce genre, cette espèce n'est pas très active. *O. typus* passe son temps à la surface des coraux et autres éléments du décor qui lui conviennent, attendant que son repas se présente. Cette occupation tranquille à première vue peut s'avérer dangereuse pour les petits poissons et les invertébrés non sédentaires.

La vie en aquarium

Combien dans l'aquarium ? Un.
Type d'aquarium : Communautaire, mais pas en compagnie de tout petits poissons et d'invertébrés.
Position dans l'aquarium : Du fond à médian.
Alimentation : Tous types d'aliments.
Compatibilité : Comportement assez paisible, parfois territorial. Plus opportuniste que prédateur en matière d'alimentation.
Disponibilité : Régulièrement disponible (spécimens sauvages).
Reproduction en captivité : Pas d'informations.

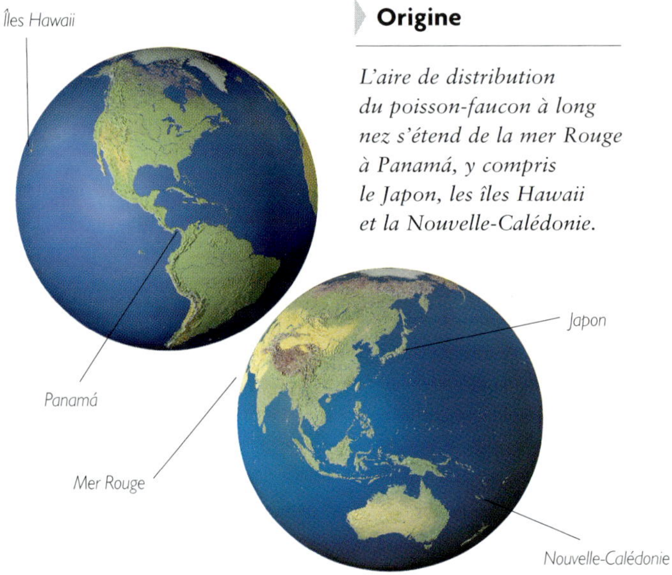

Origine

L'aire de distribution du poisson-faucon à long nez s'étend de la mer Rouge à Panamá, y compris le Japon, les îles Hawaii et la Nouvelle-Calédonie.

Taille : *13 cm*

À gauche : *Avec son ventre plat, la bécasse à carreaux n'a aucun mal à se percher sur les affleurements rocheux, attendant tranquillement son repas.*

Ci-dessous : *La ligne rouge qui souligne la mâchoire inférieure indique qu'il s'agit d'une femelle.*

ÉPERVIER À TEMPE ANNELÉE • *Parcirrhites arcatus*

Avec un dos élevé arqué et un ventre plus plat, la silhouette de ce poisson n'est pas tout à fait symétrique mais parfaitement adaptée à ce nageur peu actif. La tête et le dos sont rouges, et les flancs sous la ligne médiane sont jaunes, parfois séparés d'une bande blanche qui va du milieu de la nageoire dorsale jusqu'à l'extrémité du pédoncule caudal. Quelques bandes bleues au liséré rouge zèbrent l'arrière de l'opercule. Toutes les nageoires sont jaunes. Cette espèce doit son nom commun à la tache brune cerclée de jaune, de rouge et de bleu qui s'étend à l'arrière de l'œil. D'autres espèces partagent cette caractéristique.

Toujours à l'affût

Grâce à leurs yeux portés hauts sur la tête, les poissons-faucons repèrent facilement les proies potentielles. Leur corps est idéalement conçu pour la vie sédentaire de ces poissons qui préfèrent attendre que leurs proies viennent à eux plutôt que de se mettre en chasse.

La tache qui orne son œil n'est pas spécifique à cette espèce que l'on identifiera plus facilement à la bande blanche qui orne ses flancs, à condition qu'elle soit visible.

La vie en aquarium

Combien dans l'aquarium ? Un.
Type d'aquarium : Communautaire mais pas en compagnie de tout petits poissons et d'invertébrés.
Position dans l'aquarium : Du fond à médian.
Alimentation : Tous types d'aliments.
Compatibilité : Comportement paisible.
Disponibilité : Souvent disponible (spécimens sauvages).
Reproduction en captivité : Pas d'informations.

Taille : 14 cm

Origine

De l'Afrique de l'Est à Hawaii, du sud du Japon à l'île Norfolk.

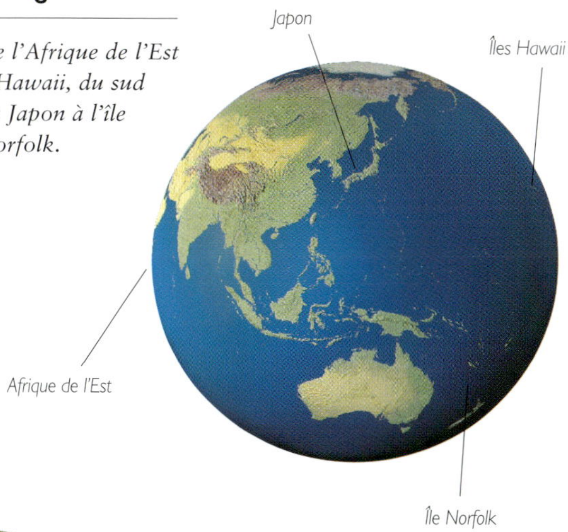

POISSON-FAUCON FLAMME

NEOCIRRHITES ARMATUS

Originaire des eaux centrales et occidentales du Pacifique, ce poisson terriblement séduisant de 7,5 cm est très recherché par les vendeurs de poissons d'eau de mer, d'où son prix relativement élevé. En milieu naturel, ce piètre nageur passe le plus clair de son temps à se reposer sur les rochers et les gorgones, attendant en embuscade les petits crustacés et le plancton. Heureusement, il ne constitue pas une menace en aquarium décoratif où il se porte assez bien en compagnie d'autres espèces et d'invertébrés et où il a également l'air plus naturel. Il accepte la plupart des aliments marins congelés et les proies vivantes adaptées à sa taille. Une fois bien établi, il acceptera également les flocons d'animaux marins. Bref, c'est un sujet idéal en aquarium communautaire.

Ci-dessus : *Le qualificatif de poisson-faucon convient parfaitement à cette espèce perchée en permanence sur les rochers à l'affût de sa proie.*

POISSON-SCORPION NAIN À BANDES • *Dendrochirus zebra*

Les proportions de leurs nageoires aux motifs complexes sont telles qu'il est souvent difficile de discerner la forme exacte du corps de ces poissons. Ce dernier est en réalité assez trapu, avec un dos rond et un ventre plat, ce qui n'est pas étonnant pour un genre qui passe le plus clair de son temps sur le substrat de l'aquarium.

Des bandes brun rougeâtre alternant avec des bandes marron clair zèbrent le corps verticalement, un motif qui se prolonge en cercles concentriques sur les nageoires. Les grandes nageoires pectorales en éventail sont composées de rayons recouverts d'une membrane jusqu'à leur extrémité. Les premiers rayons de la nageoire dorsale sont bien séparés et l'on remarque une paire d'antennes au-dessus des yeux. Cette espèce se caractérise en outre par un ocelle noir au bas de l'opercule.

Origine

De l'Afrique du Sud aux îles Samoa, du sud du Japon à l'île Lord Howe.

Ci-dessous : *La membrane qui orne les rayons des nageoires pectorales est plus étoffée que celle des autres espèces de la même famille.*

Les couleurs des nageoires, qui ressemblent à des ailes, sont aussi impressionnantes que celles d'un papillon.

Taille : *18 cm*

La vie en aquarium

Combien dans l'aquarium ? Un.
Type d'aquarium : Spécifique.
Position dans l'aquarium : Du fond à médian.
Alimentation : Montre beaucoup d'appétit pour tout type de nourriture, notamment pour les aliments carnés.
Compatibilité : Prédateur avec les petits poissons et certains invertébrés.
Disponibilité : Souvent disponible (spécimens sauvages).
Reproduction en captivité : Pas d'informations.

PTÉROIS OCELLÉ

DENDROCHIRUS BIOCELLATUS

Comparé aux espèces ptérois parentes, le petit Dendrochirus *(12 cm environ) fait piètre figure en matière d'extension de nageoire. Il se singularise néanmoins pour être le seul ptérois à posséder des ocelles sur la partie postérieure molle de la nageoire dorsale, ainsi que par ses grandes nageoires pectorales, en aile de papillon et aux cercles concentriques de couleur sombre. Une autre singularité est la présence de deux barbeaux sur la mâchoire supérieure.*

D. biocellatus *prend rarement part à l'activité sur le récif, ayant l'habitude de se tenir (souvent le dos en bas) contre les surplombs coralliens, ne s'aventurant hors de sa demeure que la nuit, pour se nourrir. S'il cohabite avec des poissons plus vifs, il ne sortira pas toujours vainqueur de la course à la nourriture, et peut s'avérer une menace pour les crevettes dans un aquarium récifal.*

RASCASSE VOLANTE • *Pterois volitans*

Contrairement à l'espèce précédente répertoriée parmi les poissons-scorpions nains, la rascasse volante est l'incarnation même de son genre dans toute sa beauté imposante.

Le corps lui aussi zébré de brun rougeâtre est entouré d'amples nageoires en éventail. Bien qu'ils soient séparés les uns des autres, chacun des douze premiers rayons de la nageoire dorsale est renforcé par une membrane lui donnant l'air d'une plume. Il en va de même pour les rayons des immenses nageoires pectorales, eux aussi distincts et pourvus d'une membrane sur toute leur longueur. Ces immenses nageoires servent à piéger les proies dans un périmètre choisi par le poisson pour mieux les dévorer. L'on imagine sans mal un groupe de rascasses passant à l'action, usant de leurs nageoires impressionnantes comme autant de grandes capes pour rabattre leur prochain repas !

Cette espèce, que l'on voit souvent aller et venir à dessein autour des pierres et sous les surplombs coralliens dans les aquariums publics, semble passer plus de temps loin des fonds marins que ses parents de taille plus modeste.

Ci-dessous : *La bouche immense de* Pterois volitans *est toujours prête à engloutir la première proie qui passe et à n'en faire qu'une bouchée !*

Origine

De la Malaisie à l'île Pitcairn, et du sud du Japon à l'île Lord Howe.

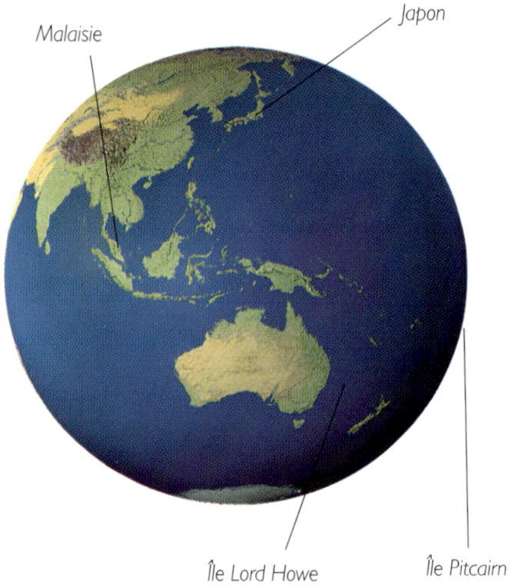

La vie en aquarium

Combien dans l'aquarium ? Un.
Type d'aquarium : Communautaire (avec de gros spécimens) ou spécifique.
Position dans l'aquarium : Tous les niveaux.
Alimentation : Tous les aliments carnés.
Compatibilité : Prédateur.
Disponibilité : Régulièrement disponible (spécimens sauvages).
Reproduction en captivité : Pas d'informations.

Taille : *38 cm*

Tenez vos mains à bonne distance de ses rayons gorgés de poison.

POISSON-LIME ORNÉ • *Chaetoderma pencilligera*

Il est difficile de décrire les caractéristiques de cette espèce qui fréquente les algues flottantes et se métamorphose en fonction d'elles. Quand on l'a enfin discerné, on constate que le corps est blanc grisâtre avec quelques plaques brunes sur la partie inférieure des flancs et quelques taches noires un peu plus haut. Sa silhouette et sa superficie réelle se cachent sous une couverture d'appendices en forme de petits glands, ce camouflage étant complété par un réseau de fines lignes brunes imitant un enchevêtrement de ramilles. Les nageoires presque transparentes sont légèrement mouchetées, et la nageoire caudale est reliée au corps par un pédoncule caudal court et étroit. Les nageoires pelviennes se réduisent à une seule et unique épine. Quant à son petit museau en forme de bec, il est idéal pour brouter les algues et les polypes.

Une fois acclimaté aux aliments de substitution, *C. pencigillera* est très apprécié par les aquariophiles. Heureusement, il a peu de chances d'atteindre sa taille réelle dans un aquarium décoratif.

Ces appendices en forme de petits glands permettent à C. pencilligera *de passer inaperçu au milieu des algues.*

La vie en aquarium

Combien dans l'aquarium ? Un.
Type d'aquarium : Communautaire.
Position dans l'aquarium : Du fond à médian.
Alimentation : La plupart des aliments (y compris les végétaux et les aliments carnés) une fois établi. Commencez au besoin par des proies vivantes.
Compatibilité : Comportement assez paisible, mais vient parfois mordiller les autres poissons qu'il agace sans causer de réels dommages.
Disponibilité : Souvent disponible (spécimens sauvages).
Reproduction en captivité : Pas d'informations.

Taille : 25 cm

Origine

Dans les eaux autour de la Malaisie, au sud du Japon et dans la Grande Barrière de Corail.

POISSON-LIME À QUEUE ROUGE

PERVAGOR MELANOCEPHALUS

Ce poisson arbore une queue rouge rosé à rouge orangé et un corps allant du vert orangé au violet soutenu. La nageoire dorsale se limite parfois à un ou deux rayons épais et un trait noir s'étend de l'aisselle de la nageoire pectorale jusqu'en dessous de l'œil. Cette espèce au déplacement lent originaire des eaux tropicales de l'océan Indo-Pacifique est d'une nature assez secrète. Elle a pour habitat naturel les lits et bosquets d'algues dont elle prend la couleur pour mieux se camoufler.

P. melanocephalus présente parfois quelques difficultés si on l'introduit en premier dans l'aquarium, mais il finit généralement par s'établir et accepter tous les aliments habituels en captivité. Comme la plupart des poissons-limes, il grandit assez vite, mais reste de taille raisonnable pour un aquarium de dimensions moyennes, atteignant 15 cm. Offrez-lui beaucoup de pierres et de cachettes dans lesquelles se retirer pour la nuit.

OPISTOGNATHE À TÊTE JAUNE • *Opistognathus aurifrons*

Il va falloir être patient pour jouir pleinement du spectacle de cette espèce qui a besoin d'être en confiance pour émerger totalement de son terrier. Vous pourrez alors admirer son long corps cylindrique, d'un bleu d'une grande finesse, et sa tête arrondie, jaune vif. La nageoire dorsale qui longe pratiquement tout le corps est presque le reflet de la nageoire anale qui s'étend sur près des deux tiers du ventre. Les nageoires pectorales sont jaunes. Les nageoires pelviennes et caudale sont bleues. L'œil noir est très grand, quant à la bouche terminale située au bout d'un museau arrondi, elle a la forme idéale pour déplacer les grains du substrat et creuser le terrier.

Il est difficile de distinguer le mâle de la femelle, mais il semble qu'au cours de la reproduction, ce sont les mâles qui se chargent de l'incubation des œufs dans leur bouche.

Origine

Le genre des opistognathidés comporte plusieurs espèces, toutes évoluant dans les eaux autour de la Floride et des îles Bahamas jusqu'à la Barbade et le Venezuela.

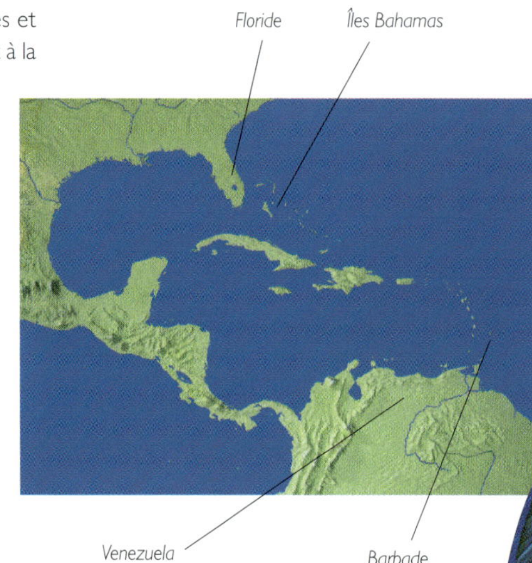

La vie en aquarium

Combien dans l'aquarium ? Un (plus dans un bac spécifique).
Type d'aquarium : Communautaire ou spécifique.
Position dans l'aquarium : Niveaux inférieurs.
Alimentation : Aliments carnés, de préférence hachés et déposés près du terrier.
Compatibilité : Paisible et timide.
Disponibilité : Régulièrement disponible (spécimens sauvages).
Reproduction en captivité : Pas d'informations.

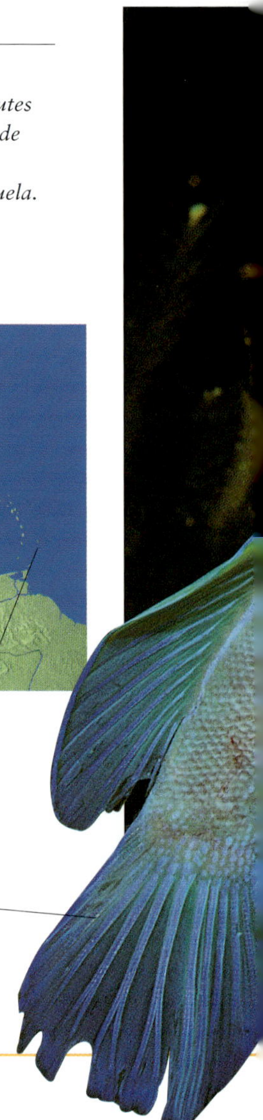

Lorsqu'il s'aventure hors de son terrier, l'opistognathe à tête jaune se contente de demeurer immobile juste au-dessus de son abri.

Taille : *10 cm*

La partie postérieure bleue est généralement cachée au regard, le poisson se tenant à la verticale dans son terrier.

Ci-dessus : *L'entrée du terrier doit être en permanence débarrassée des particules qui retombent, une tâche incombant à* O. aurifrons *qui s'en acquitte facilement grâce à sa bouche musclée.*

POISSON MANDARIN • *Synchiropus splendidus*

Le corps dépourvu d'écailles de ce poisson est couvert d'une incroyable mosaïque de couleurs contrastées qui ont manifestement rappelé à celui qui l'a répertorié les tuniques aux couleurs éclatantes des anciens dignitaires chinois. Les tons or, rouges et verts s'entremêlent sur tout le corps, sans oublier les nageoires, composant un arc-en-ciel, ces dernières étant rehaussées d'un liséré mauve. Les nageoires caudales arborent des lignes dorées rayonnant du pédoncule caudal tandis que les grandes nageoires pelviennes sont ornées de taches vertes et mauves. Le premier rayon de la première nageoire dorsale se dresse à la manière d'un étendard.

Origine

Dans les eaux autour des Philippines et de Java ; des îles Ryukyu au sud du Japon à la Grande Barrière de Corail.

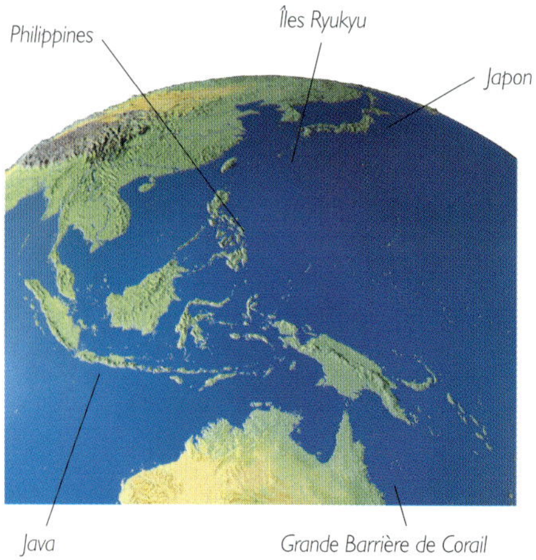

Taille : *6 cm*

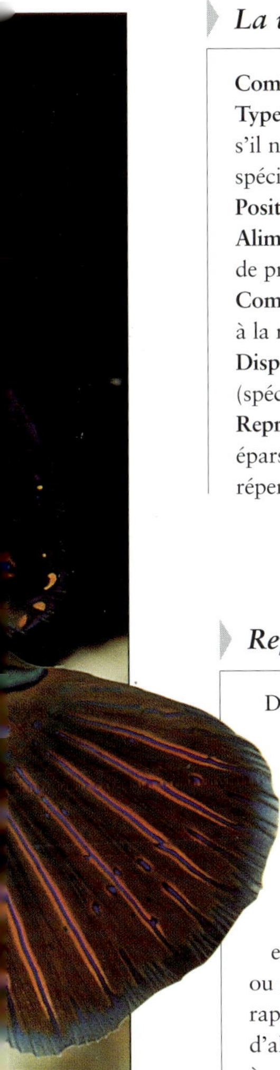

La vie en aquarium

Combien dans l'aquarium ? Un ou deux.
Type d'aquarium : Communautaire s'il n'est pas trop peuplé. De préférence spécifique.
Position dans l'aquarium : Dans le fond.
Alimentation : Exige une grande quantité de proies vivantes.
Compatibilité : Timide mais constamment à la recherche de nourriture.
Disponibilité : Souvent disponible (spécimens sauvages).
Reproduction en captivité : Quelques cas épars de ponte signalés et aucun cas répertorié d'alevins ayant survécu.

Reproduction

D'après le peu de cas de reproduction en aquarium répertoriés à ce jour, il semble que les œufs soient fertilisés de façon interne avant d'être expulsés en pleine eau. Que cela soit vrai ou non, il n'existe aucun rapport faisant état d'alevins viables parvenus à maturité.

MANDARIN BARIOLÉ

SYNCHIROPUS PICTURATUS

Avec sa tête arrondie, son ventre plat et son corps presque cylindrique, la forme de ce poisson rappelle de beaucoup celle des espèces de fonds comme les blennies et les gobies. Le mandarin bariolé porte deux nageoires dorsales, la première se dressant tel un étendard.

Sa robe vert clair est ornée de taches vert foncé cerclées d'or, de noir et de bleu, taches que l'on retrouve sur les nageoires dorsales, anale et pelviennes. Les nageoires caudale et pectorales sont d'un vert jaunâtre uni, et l'œil porté haut sur la tête est cerclé de noir et d'or.

Les mâles arborent généralement des couleurs plus vives que les femelles, et les rayons de leurs nageoires dorsales et anale sont plus longs. Certains pensent que les espèces aux couleurs éclatantes, qu'il s'agisse de poissons ou d'invertébrés, sont nécessairement venimeuses. Rien ne permet d'affirmer cependant que le mucus de cette espèce soit toxique. S. picturatus exige les mêmes soins en aquarium que le poisson mandarin et atteint lui aussi 6 cm.

INDEX GÉNÉRAL

Les numéros de page en caractères **gras** indiquent les entrées principales, l'*italique* réfère aux légendes, aux notes et aux tableaux, et les caractères romains aux autres entrées.

A

B

C

D

E

INDEX DES POISSONS